모듈형

핵심
빈칸노트

+ 무료NCS특강

SD에듀
(주)시대고시기획

머리말

정부는 양질의 일자리를 창출하고자 다각도로 채용을 진행하고 있으며, 필기전형에 국가직무능력표준(NCS)을 도입하여 우리 사회에 직무 위주의 채용 문화를 정착시키는 데 기여하고 있다. 문제 유형은 대표적으로 모듈형, PSAT형, 피듈형 3가지로 구분할 수 있다. 그중 모듈형은 이론 · 개념을 활용하여 출제되는 유형으로, 채용 기업에 따라 10개의 영역 중 직무 관련 문제를 선발하여 출제된다. 따라서 공사 · 공단 채용을 준비하는 수험생들은 필기전형에서 고득점을 받기 위해 가장 기본이 되는 모듈형 유형에 대한 폭넓은 학습과 문제풀이능력을 높이는 등 철저한 준비가 필요하다.

공사 · 공단 필기 합격을 위해 SD에듀에서는 NCS 도서 시리즈 판매량 1위의 출간 경험을 토대로 다음과 같은 특징을 가진 도서를 출간하였다.

도서의 특징

❶ 모듈이론을 통한 효과적인 학습!
- 영역별 필수적으로 알아야 할 이론을 수록하여 기본이 되는 내용을 효과적으로 학습할 수 있도록 하였다.

❷ Point를 통한 실력 상승!
- 중요한 내용을 Point로 수록하여 다시 한 번 정리할 수 있도록 하였다.

❸ 핵심정리를 통한 빈틈없는 학습!
- 학습한 내용을 핵심정리로 수록하여 한눈에 보기 쉽게 확인할 수 있도록 하였다.

❹ 빈칸 문제를 통한 최종 마무리!
- 빈칸 문제를 수록하여 핵심 키워드를 상기할 수 있도록 하였다.
- 정답을 가릴 수 있는 셀로판지를 통해 다회독이 가능하도록 하였다.

끝으로 본 도서를 통해 공사 · 공단 채용을 준비하는 모든 수험생 여러분이 합격의 기쁨을 누리기를 진심으로 기원한다.

NCS직무능력연구소 · 김현철 외

NCS 소개

국가직무능력표준(NCS; National Competency Standards)

산업현장에서 직무 수행에 요구되는 능력(지식, 기술, 태도 등)을 국가가 산업 부문별, 수준별로 체계화한 설명

직무능력

직무능력 = 직업기초능력 + 직무수행능력
- 직업기초능력 : 직업인으로서 기본적으로 갖추어야 할 공통 능력
- 직무수행능력 : 해당 직무를 수행하는 데 필요한 역량(지식, 기술, 태도 등)

NCS의 분류
- 일터 중심의 체계적인 NCS 개발과 산업현장 전문가의 직종구조 분석결과를 반영하기 위해 산업현장 직무를 한국고용직업분류(KECO)에 적절하게 분류함
- 2022년 기준 : 대분류(24개), 중분류(81개), 소분류(269개), 세분류(1,064개)

NCS의 구성
- 직무는 국가직무능력표준 분류의 세분류를 의미하고, 원칙상 세분류 단위에서 표준이 개발됨
- 능력단위는 국가직무능력표준 분류의 하위단위로, 국가직무능력표준의 기본 구성요소에 해당되며, 능력단위 요소(수행준거, 지식·기술·태도), 적용범위 및 작업상황, 평가지침, 직업기초능력으로 구성됨

NCS의 활용

활동 유형	활동 범위
채용 (블라인드 채용)	채용 단계에 NCS를 활용하여 NCS 매핑 및 직무분석을 통한 공정한 채용 프로세스 구축 및 직무 중심의 블라인드 채용 실현
재직자 훈련 (근로자 능력개발 지원)	NCS 활용 패키지의 '평생경력개발경로' 기반 사내 경력개발경로와 수준별 교육훈련 이수체계도 개발을 통한 현장직무 중심의 재직자 훈련 실시
배치 · 승진	현장직무 중심의 훈련체계와 배치 · 승진 · 체크리스트를 활용한 근로자 배치 · 승진으로 직급별 인재에 대한 회사의 기대와 역량 간 불일치 해소
임금 (직무급 도입)	NCS 기반 직무분석을 바탕으로 기존 관리직 · 연공급 중심의 임금체계를 직무급(직능급) 구조로 전환

NCS의 영역

모든 직업인들에게 공통적으로 요구되는 기본적인 능력 및 자질

의사소통능력	타인의 생각을 파악하고, 자신의 생각을 정확하게 쓰거나 말하는 능력
수리능력	사칙연산, 통계, 확률의 의미를 정확하게 이해하는 능력
문제해결능력	문제 상황을 창조적이고 논리적인 사고를 통해 올바르게 인식하고 해결하는 능력
자원관리능력	자원이 얼마나 필요한지 파악하고 계획하여 업무 수행에 할당하는 능력
정보능력	정보를 수집, 분석, 조직, 관리하여 컴퓨터를 사용해 적절히 활용하는 능력
기술능력	도구, 장치를 포함하여 필요한 기술에 대해 이해하고 업무 수행에 적용하는 능력
조직이해능력	국제적인 추세를 포함하여 조직의 체제와 경영에 대해 이해하는 능력
대인관계능력	사람들과 문제를 일으키지 않고 원만하게 지내는 능력
자기개발능력	스스로를 관리하고 개발하는 능력
직업윤리	원만한 직업생활을 위해 필요한 태도, 매너, 올바른 직업관

🔍 NCS의 필요성

❶ 산업현장과 기업에서 인적자원관리 및 개발의 어려움과 비효율성이 발생하는 대표적 요인으로 산업 전반의 '기준' 부재에 주목함

❷ 직업교육훈련과 자격이 연계되지 않은 상태로 산업현장에서 요구하는 직무수행능력과 괴리되어 실시됨에 따라 인적자원개발과 개인의 경력개발에 비효율적이며 효과성이 부족하다는 비판을 받음

❸ NCS를 통해 인재육성의 핵심 인프라를 구축하고, 산업현장의 HR 전반에서 비효율성을 해소하여 경쟁력을 향상시키는 노력이 필요함

🔍 왜 모듈형을 공부해야 하는가?

- 국가직무능력표준이 현장의 '직무 요구서'라고 한다면, NCS 학습모듈은 NCS의 능력단위를 교육훈련에서 학습할 수 있도록 구성한 '교수 · 학습 자료'임
- NCS 학습모듈은 구체적 직무를 학습할 수 있도록 이론 및 실습에 대한 내용을 상세하게 제시하고 있음
- 모듈형은 '학습모듈'의 내용을 토대로 주어진 상황에 대한 판단 및 이론 적용을 요구하므로 NCS 영역별 이론을 정립하고, 이에 대한 연습이 필요함

🔍 과년도 모듈형 출제 기업

강원도개발공사, 건강보험심사평가원, 경기도 공공기관, 국민건강보험공단, 국민연금공단, 근로복지공단, 도로교통공단, 부산교통공사, 서울교통공사, 서울시설공단, 수원시공공기관, 인천교통공사, 코레일네트웍스, 코레일 한국철도공사, 한국가스공사, 한국가스기술공사, 한국가스안전공사, 한국남동발전, 한국남부발전, 한국농어촌공사, 한국도로공사, 한국동서발전, 한국마사회, 한국산업기술진흥원, 한국서부발전, 한국수력원자력, 한국에너지공단, 한국전력공사, 한국중부발전, 한국지역난방공사, 한국환경공단, 한전KDN, 한전KPS, 항만공사, 해양환경공단, HRDK 한국산업인력공단, HUG 주택도시보증공사, KAC한국공항공사, K-water 한국수자원공사, LH 한국토지주택공사, LX 한국국토정보공사, SH 서울주택도시공사, SR 수서고속철도, TS한국교통안전공단 등

이 책의 구성

NCS 모듈형
핵심 암기노트

PART 01 의사소통능력

[01] 의사소통능력의 의의

1 의사소통이란?

① 의사소통의 정의

두 사람 또는 그 이상의 사람들 사이에서 일어나는 1 　　와/과 2 　　을/를 의미하며, 어떤 개인 또는 집단이 개인 또는 집단에 대해서 3 　　·4 　　·5 　　·6 　　 등을 전달하고 그것들을 받아들이는 과정을 말한다.

② 성공적인 의사소통의 조건

01
모듈이론

• 최신 NCS 직업기초능력 10개의 영역에 대한 이론을 수록하여 NCS에 대한 기본 지식을 쌓을 수 있도록 하였다.

02
핵심정리

• 핵심정리를 수록하여 중요한 내용을 한눈에 파악할 수 있도록 하였다.

9	진행됐던 사안의 수입과 지출결과를 보고하는 문서
10	매일의 업무를 보고하는 문서
11	한 주간에 진행된 업무를 보고하는 문서
12	출장 후 외부 업무나 그 결과를 보고하는 문서
13	회의 결과를 정리해 보고하는 문서

3 14 　　

상품의 특성이나 사물의 성질과 가치, 작동 방법이나 과정을 소비자에게 설명하는 것을 목적으로 작성한 문서이다.

종류	내용
15	• 일반인들이 내용을 쉽게 이해하도록 하는 문서 • 소비자에게 상품의 특징을 잘 전달해 상품을 구입하도록 유도
16	• 제품의 특징·활용도를 세부적으로 언급하는 문서 • 제품의 사용법에 대해 알려주는 것이 주목적

정답 6. 공문서 7. 보고서 8. 영업보고서 9. 결산보고서 10. 일일업무보고서 11. 주간업무보고서
12. 출장보고서 13. 회의보고서 14. 설명서 15. 상품소개서 16. 제품설명서

03
빈칸 문제

• 빈칸 문제를 수록하여 핵심 키워드를 상기할 수 있도록 하였다.
• 셀로판지를 통해 다회독이 가능하도록 하였다.

이 책의 차례

PART 01
의사소통능력

[01] 의사소통능력의 의의

1 의사소통이란?

① 의사소통의 정의

두 사람 또는 그 이상의 사람들 사이에서 일어나는 1   와/과 2   을/를 의미하며, 어떤 개인 또는 집단이 개인 또는 집단에 대해서 3   · 4   · 5   · 6   등을 전달하고 그것들을 받아들이는 과정을 말한다.

② 성공적인 의사소통의 조건

> 내가 가진 정보를 상대방이 이해하기 쉽게 표현

+

> 상대방이 7   에 대한 고려

||

> 의사소통의 정확한 8   을/를 알고, 의견을 나누는 자세

Point / **의사소통의 중요성**

- 대인관계의 기본이며, 직장생활에서 필수적이다.
- 인간관계는 의사소통을 통해서 이루어지는 상호과정이다.
- 의사소통은 상호 간의 일반적 이해와 동의를 얻기 위한 유일한 수단이다.
- 서로에 대한 지각의 차이를 좁혀 주며, 선입견을 줄이거나 제거해 줄 수 있는 수단이다.

정답 1. 의사의 전달 2. 상호교류 3. 정보 4. 감정 5. 사상 6. 의견 7. 어떻게 받아들일 것인가 8. 목적

❷ 의사소통능력의 종류

① 문서적 의사소통능력

9	업무에 대한 다양한 문서를 읽고 핵심을 이해하고, 정보를 획득하며, 수집·종합하는 능력
10	목적과 상황에 적합하도록 정보를 전달할 수 있는 문서를 작성하는 능력

② 언어적 의사소통능력

11	원활한 의사소통을 위해 상대의 이야기를 집중하여 듣는 능력
12	자신의 의사를 목적과 상황에 맞게 설득력을 가지고 표현하는 능력

③ 특징

구분	13 인 의사소통능력	14 인 의사소통능력
장점	권위감, 정확성, 전달성, 보존성이 높음	유동성이 높음
단점	의미의 곡해	정확성이 낮음

④ 15

외국어로 된 간단한 자료를 이해하거나 외국인과의 전화응대, 간단한 대화 등 외국인의 의사표현을 이해하고, 자신의 의사를 기초외국어로 표현할 수 있는 능력을 말한다.

Point 　 **의사소통의 종류**

- 고객사에서 보내온 수취확인서 : 16   인 의사소통
- 수취확인 문의전화 : 17   인 의사소통
- 업무지시 메모 : 18   인 의사소통
- 영문 운송장 작성 : 19   인 의사소통
- 주간 업무보고서 작성 : 20   인 의사소통

정답　9. 문서이해능력　10. 문서작성능력　11. 경청능력　12. 의사표현능력　13. 문서적　14. 언어적
　　15. 기초외국어능력　16. 문서적　17. 언어적　18. 문서적　19. 문서적　20. 문서적

3 의사소통의 저해요인과 의사소통의 유형

① **의사소통의 저해요인**

　㉠ 의사소통 기법의 미숙, 표현 능력의 부족, 이해 능력의 부족

　㉡ 복잡한 메시지, 경쟁적인 메시지

　㉢ 의사소통에 대한 잘못된 선입견

　㉣ 기타 요인

　　정보의 과다, 메시지의 복잡성, 메시지의 경쟁, 상이한 직위와 과업지향성, 신뢰의 부족, 의사소통을 위한 구조상의 권한, 잘못된 의사소통 매체의 선택, 폐쇄적인 의사소통 분위기

② **키슬러의 대인관계 의사소통 유형**

유형	특징	제안
21	자신감이 있고 지도력이 있으나, 논쟁적이고 독단이 강하여 대인 갈등을 겪을 수 있음	타인의 의견을 경청하고 수용하는 자세가 필요
22	이해관계에 예민하고 성취지향적으로 경쟁적이며 자기중심적임	타인의 입장을 배려하고 관심을 갖는 자세가 필요
23	이성적인 의지력이 강하고 타인의 감정에 무관심하며 피상적인 대인관계를 유지함	타인의 감정상태에 관심을 가지고 긍정적 감정을 표현하는 것이 필요
24	혼자 있는 것을 선호하고 사회적 상황을 회피하며 지나치게 자신의 감정을 억제함	대인관계의 중요성을 인식하고 타인에 대한 비현실적인 두려움의 근원을 성찰하는 것이 필요
25	수동적이고 의존적이며 자신감이 없음	적극적인 자기표현과 주장이 필요
26	단순하고 솔직하며 자기주관이 부족함	자기주장을 적극적으로 표현하는 것이 필요
27	따뜻하고 인정이 많고 자기희생적이나, 타인의 요구를 거절하지 못함	타인과의 정서적인 거리를 유지하는 노력이 필요
28	외향적이고 인정하는 욕구가 강하며 타인에 대한 관심이 많고 쉽게 흥분함	심리적인 안정을 취하고 지나친 인정욕구에 대한 성찰이 필요

정답 21. 지배형　22. 실리형　23. 냉담형　24. 고립형　25. 복종형　26. 순박형　27. 친화형　28. 사교형

4 **의사소통능력의 개발방법과 의사소통전략**

① **의사소통능력의 개발**

　㉠ 사후검토와 ｜29｜ 의 활용

　㉡ 언어의 ｜30｜

　㉢ ｜31｜ 인 경청

　㉣ 감정의 억제

② **입장에 따른 의사소통전략**

화자의 입장	• 의사소통에 앞서 생각을 명확히 할 것 • 문서를 작성할 때는 주된 생각을 ｜32｜ 에 쓸 것 • 평범한 단어를 쓸 것 • 편견 없는 언어를 사용할 것 • 사실 밑에 깔린 감정을 의사소통할 것 • ｜33｜ 인 행동이 미치는 결과를 이해할 것 • 행동을 하면서 말로 표현할 것 • 피드백을 받을 것
청자의 입장	• 세세한 어휘를 모두 들으려고 노력하기보다는 ｜34｜ 의 파악에 집중할 것 • 말하고 있는 바에 대한 생각과 사전 정보를 동원하여 말하는 바에 몰입할 것 • 모든 이야기를 듣기 전에 결론에 이르지 말고 전체 생각을 청취할 것 • 말하는 사람의 관점에서 진술을 반복하여 피드백할 것 • 들은 내용을 요약할 것

> **Point**　　**의사소통능력의 개발**
>
> • 전문용어의 사용은 그 언어를 사용하는 집단 구성원들 사이에 사용될 때에는 이해를 촉진시키지만, 조직 밖의 사람들에게 사용했을 때에는 의외의 문제를 야기할 수 있다.
> • 상대방의 이야기를 듣는 것은 수동적인 데 반해 경청은 능동적인 의미의 탐색이므로 둘의 의미는 다르다.
> • 피드백은 상대방이 원하는 경우 대인관계에 있어서 그의 행동을 개선할 수 있는 기회를 제공해 줄 수 있다.

정답　29. 피드백　30. 단순화　31. 적극적　32. 앞　33. 비언어적　34. 요점

1. 의사소통이란 두 사람 또는 그 이상의 사람들 사이에서 의사전달과 상호교류가 이루어진다는 뜻이며, 어떤 개인 또는 집단이 개인 또는 집단에게 정보·감정·사상·의견 등을 전달하고 그것들을 받아들이는 과정이다.

2. 의사소통은 조직 또는 팀의 효율성과 효과성을 성취할 목적으로 이루어지는, 구성원 간의 정보와 지식의 전달 과정으로, 여러 사람의 노력으로 공통의 목표를 추구해 나가는 집단 내의 기본적인 존재 기반이자 성과를 결정하는 핵심 기능이다.

3. 의사소통은 제각기 다른 사람들이 서로에 대한 지각의 차이를 좁히며 선입견을 줄이거나 제거할 수 있는 효과적인 수단이다.

4. 성공적인 의사소통을 위해서는 자신이 가진 정보를 상대방이 이해하기 쉽게 표현하는 것도 중요하지만, 상대방이 어떻게 받아들일 것인가를 고려해야 한다.

5. 의사소통능력은 대화, 전화통화, 토론 등을 통해 상호 의사를 표현하고 경청하는 언어적 의사소통능력과 기획서, 편지, 메모 등 문서를 이해하고 이를 바탕으로 글을 작성할 수 있는 문서적 의사소통능력, 그리고 자신의 업무 상황에서 기초외국어로 업무를 수행할 수 있는 기초외국어능력으로 구분할 수 있다.

6. 의사소통을 저해하는 요인은 일방적인 정보 전달로 인한 의사소통 과정에서의 상호작용 부족, 메시지의 복잡성, 메시지의 경쟁, 의사소통에 대한 잘못된 선입견 등이 있다.

7. 의사소통능력을 개발하기 위해서는 사후검토와 피드백을 활용하고, 명확하고 쉬운 단어를 선택하여 이해를 높이고(언어단순화), 상대방과 대화 시 적극적으로 경청하며 감정적으로 메시지를 곡해하지 않도록 침착하게 감정을 조절해야 한다.

[02] 문서이해능력

1 문서이해능력의 의의와 문서이해의 절차

① 문서이해능력의 의의

　㉠ 문서이해능력이란?

　　다양한 종류의 문서에서 전달하고자 하는 핵심 내용을 요약·정리하여 이해하고, 문서에서 전달하는 정보의 출처를 파악하여 옳고 그름을 판단하는 능력을 말한다.

　㉡ 문서이해의 필요성

　　문서이해능력이 부족하면 직업생활에서 본인의 업무를 이해하고 수행하는 데 막대한 지장을 끼친다. 따라서 본인의 업무를 제대로 수행하기 위해 문서이해능력은 필수적이다.

② 문서이해의 절차

문서의 [1   ]을/를 이해하기

↓

이러한 문서가 작성된 [2   ]와/과 [3   ]을/를 파악하기

↓

문서에 쓰여진 정보를 밝혀내고, 문서가 제시하고 있는 현안문제를 파악하기

↓

문서를 통해 상대방의 욕구와 의도 및 내게 요구되는 행동에 대한 내용을 분석하기

↓

문서에서 이해한 목적 달성을 위해 취해야 할 행동을 생각하고 결정하기

↓

상대방의 의도를 도표나 그림 등으로 메모하여 [4   ]·[5   ]하기

정답 1. 목적 2. 배경 3. 주제 4. 요약 5. 정리

2 문서의 종류

① 6

- 행정기관에서 공무를 집행하기 위해 작성하는 문서
- 정부기관이 일반회사, 단체로부터 접수하는 문서 및 일반회사에서 정부기관을 상대로 사업을 진행할 때 작성하는 문서 포함
- 엄격한 규격과 양식에 따라 정당한 권리를 가진 사람이 작성
- 최종 결재권자의 결재가 있어야 문서로서의 기능 성립

② 7

특정 업무에 대한 현황이나 진행 상황 또는 연구·검토 결과 등을 보고할 때 작성하는 문서이다.

종류	내용
8	영업상황을 문장 형식으로 기재해 보고하는 문서
9	진행됐던 사안의 수입과 지출결과를 보고하는 문서
10	매일의 업무를 보고하는 문서
11	한 주간에 진행된 업무를 보고하는 문서
12	출장 후 외부 업무나 그 결과를 보고하는 문서
13	회의 결과를 정리해 보고하는 문서

③ 14

상품의 특성이나 사물의 성질과 가치, 작동 방법이나 과정을 소비자에게 설명하는 것을 목적으로 작성한 문서이다.

종류	내용
15	• 일반인들이 내용을 쉽게 이해하도록 하는 문서 • 소비자에게 상품의 특징을 잘 전달해 상품을 구입하도록 유도
16	• 제품의 특징·활용도를 세부적으로 언급하는 문서 • 제품의 사용법에 대해 알려주는 것이 주목적

정답   6. 공문서 7. 보고서 8. 영업보고서 9. 결산보고서 10. 일일업무보고서 11. 주간업무보고서
12. 출장보고서 13. 회의보고서 14. 설명서 15. 상품소개서 16. 제품설명서

④ 17

업무상 필요한 중요한 일이나 앞으로 체크해야 할 일이 있을 때 필요한 내용을 메모 형식으로 작성하여 전달하는 글이다.

종류	내용
18	• 업무적인 내용부터 개인적인 전화의 전달사항들을 간단히 작성하여 당사자에게 전달하는 메모 • 스마트폰의 발달로 현저히 줄어듦
19	• 회의에 참석하지 못한 구성원에게 회의 내용을 적어 전달하거나 참고자료로 남기기 위해 작성한 메모 • 업무 상황 파악 및 업무 추진에 대한 궁금증이 있을 때 핵심적인 자료
20	• 개인이 추진하는 업무나 상대의 업무 추진 상황을 기록하는 메모

⑤ 21 (E-mail)

• 사업상의 이유로 고객이나 단체에 편지를 쓰는 것
• 직장업무나 개인 간의 연락, 직접 방문하기 어려운 고객관리 등을 위해 사용되는 비공식적 문서
• 제안서나 보고서 등 공식적인 문서를 전달하는 데도 사용됨

⑥ 22

상대방에게 기획의 내용을 전달하여 해당 기획안을 시행하도록 설득하는 문서이다.

⑦ 23

업무에 대한 협조를 구하거나 의견을 전달할 때 작성하며 흔히 사내 공문서로 불린다.

⑧ 24

정부기관, 기업체, 단체 등이 언론을 상대로 자신들의 정보가 기사로 보도되도록 하기 위해 보내는 자료이다.

⑨ 25

개인의 가정환경과 성장과정, 입사 동기와 근무자세 등을 구체적으로 기술하여 자신을 소개하는 문서이다.

정답 17. 비즈니스 메모 18. 전화 메모 19. 회의 메모 20. 업무 메모 21. 비즈니스 레터
22. 기획서 23. 기안서 24. 보도자료 25. 자기소개서

1. 문서란 문자로 작성된 제안서, 보고서, 기획서, 편지, 이메일, 팩스, 메모, 공지
   사항 등을 말한다. 사람들은 일상생활에서는 물론 다양한 직업현장에서 여러
   종류의 문서를 자주 사용한다. 그리고 이런 문서를 통해 상대방과 효과적으로
   의사소통을 함으로써 자신의 의사를 상대방에게 설득시키거나 상대방의 의견
   을 오해하지 않고 이해하고자 한다.

2. 문서이해능력이란 다양한 종류의 문서에서 전달하고자 하는 핵심 내용을 요약·
   정리하여 이해하고, 문서에서 전달하는 정보의 출처를 파악하여 옳고 그름을
   판단하는 능력이다.

3. 업무과정에서 자신에게 주어진 각종 문서를 읽고 적절히 이해하여야 하며, 각종
   문서나 자료에 수록된 정보를 확인하여 유용한 정보를 구분하고 비교하여 통합
   할 수 있어야 한다. 또한 문서에서 주어진 문장을 통해 정보를 이해하여 자신에
   게 필요한 내용이 무엇인지 추론할 수 있어야 한다. 더불어 도표, 수, 기호 등도
   이해하고 표현할 수 있어야 한다.

4. 각종 분야에서 사용하는 문서의 종류는 매우 다양하다. 이렇게 다양한 문서를
   얼마나 빨리 이해하여 업무에 적용하여 능숙하게 처리하느냐가 업무 성과를 좌
   우한다. 그러므로 자신에게 필요한 문서가 무엇인지 파악하여 그에 요구되는
   문서이해능력을 키우는 것은 매우 중요하다.

5. 업무를 하는 동안 주어진 문서를 빠르고 정확하게 이해하기 위해 문서를 이해하
   는 구체적인 절차를 이해하고, 본인에게 적합한 문서 정보 정리 방식을 찾아
   실제로 활용할 수 있도록 부단히 연습해야 한다.

[03] 문서작성능력

1 문서작성능력의 의의

① 문서작성의 의의

㉠ 문서의 의미

제안서·보고서·기획서·편지·메모·공지사항 등 문자로 구성된 것을 지칭하며 일상생활뿐만 아니라 직장생활에서도 다양한 문서를 자주 사용한다.

㉡ 문서작성의 목적

상대를 설득하거나 조직의 의견을 전달하고자 한다.

㉢ 문서의 구성요소

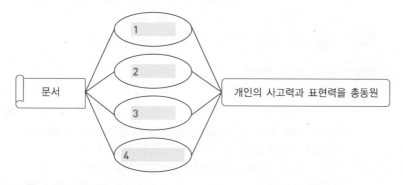

② 문서작성 시 주의사항

- 5   에 의해 작성
- 문서의 6   에 맞게 작성
- 한 사안을 7   장의 용지에 작성
- 제출 전 반드시 최종점검
- 반드시 필요한 자료만 첨부
- 금액, 수량, 일자는 정확하게 기재
- 경어나 단어 사용에 신중을 기할 것

정답 1. 대상 2. 목적 3. 시기 4. 기대효과 5. 육하원칙 6. 작성시기 7. 한

2 문서작성의 실제

① 상황에 따른 문서의 작성

상황	내용
8 [ ](이)나 9 [ ]	• 공문서 형식 • 일정한 양식과 격식을 갖추어 작성
10 [ ] 제공	• 홍보물, 보도자료, 설명서, 안내서 • 시각적인 정보의 활용 • 신속한 정보 제공
11 [ ](이)나 12 [ ]	• 업무 지시서 • 명확한 지시사항이 필수적
13 [ ](이)나 14 [ ]	• 제안서, 기획서 • 종합적인 판단과 예견적인 지식이 필요
15 [ ](이)나 16 [ ]	• 제품의 이용에 대한 정보 • 입사지원, 이직 시 작성

② 문서의 종류에 따른 작성법

㉠ 17 [   ]

> • '누가, 언제, 어디서, 무엇을, 어떻게(왜)'가 드러나도록 작성한다.
> • 날짜는 연도와 월일을 반드시 함께 언급한다.
> • 날짜 다음에 괄호를 사용할 때는 마침표를 찍지 않는다.
> • 내용이 복잡할 경우 '−다음−', '−아래−'와 같은 항목을 만들어 구분한다.
> • 한 장에 담아내는 것이 원칙이다.
> • 마지막엔 반드시 '끝' 자로 마무리한다.
> • 대외문서이고 장기간 보관되는 문서이므로 정확하게 기술한다.

정답　8. 요청　9. 확인　10. 정보　11. 명령　12. 지시　13. 제안　14. 기획　15. 약속　16. 추천
17. 공문서

ⓛ 18

- 간결하게 작성한다.
- 전문용어의 사용은 가급적 삼간다.
- 복잡한 내용은 도표화한다.
- 명령문보다 평서형으로, 동일한 표현보다는 다양한 표현으로 작성한다.
- 글의 성격에 맞춰 정확하게 기술한다.

ⓒ 19

- 무엇을 위한 기획서인지, 핵심 메시지가 정확히 도출되었는지 확인한다.
- 상대가 요구하는 것이 무엇인지 고려하여 작성한다.
- 글의 내용이 한눈에 파악되도록 목차를 구성한다.
- 분량이 많으므로 핵심 내용의 표현에 유념한다.
- 효과적인 내용 전달을 위해 표나 그래프를 활용한다.
- 제출하기 전에 충분히 검토한다.
- 인용한 자료의 출처가 정확한지 확인한다.

01

ⓔ 20

- 핵심 내용을 구체적으로 제시한다.
- 간결하고 핵심적인 내용의 도출이 우선이므로 내용의 중복을 피한다.
- 독자가 궁금한 점을 질문할 것에 대비한다.
- 산뜻하고 간결하게 작성한다.
- 도표나 그림은 적절히 활용한다.
- 참고자료는 정확하게 제시한다.
- 개인의 능력을 평가하는 기본 자료이므로 제출하기 전 최종점검을 한다.

정답 18. 설명서 19. 기획서 20. 보고서

3 문서표현의 시각화

① 시각화의 구성요소

문서의 내용을 시각화하기 위해서는 전하고자 하는 내용의 개념이 명확해야 하고,
수치 등의 정보는 그래프 등을 사용하여 시각화하며, 특히 강조하여 표현하고 싶은
내용은 도형을 이용할 수 있다.

② 문서를 시각화하는 네 가지 포인트

- 보기 쉬워야 한다.
- 이해하기 쉬워야 한다.
- 다채롭게 표현되어야 한다.
- 숫자는 그래프로 표시되어야 한다.

③ 시각화 방법

종류		내용
25 ___	시각화	데이터 정보를 쉽게 이해할 수 있도록 시각적으로 표현하며, 주로 통계 수치 등을 도표나 차트를 통해 명확하고 효과적으로 전달
26 ___	시각화	개념이나 주제 등 중요한 정보를 도형, 선, 화살표 등 여러 상징을 사용하여 시각적으로 표현
27 ___	시각화	전달하고자 하는 내용을 관련 그림이나 사진 등으로 표현

정답   21. 개념도   22. 그래프   23. 도형   24. 시각화   25. 차트   26. 다이어그램   27. 이미지

1. 업무에서의 문서작성은 업무에 대하여 조직의 비전을 실현시키는 과정으로, 조직의 생존을 위한 필수 행위라 할 수 있다. 그렇기 때문에 문서작성은 개인의 의사표현이나 의사소통을 위한 과정일 수도 있지만 이를 넘어 조직의 사활이 걸린 중요 업무이기도 하다.

2. 문서는 문서를 작성하는 목표를 명확하게 한 이후에 작성해야 한다. 즉, 문서를 작성하는 이유와 문서를 통해 전달하려는 내용이 분명해야 한다. 문서 작성에는 문서의 대상, 목적, 시기가 포함되어야 하며, 기획서나 제안서 등 문서 종류에 따라 기대효과 등이 포함되어야 한다.

3. 문서는 상황과 목적에 맞는 체계적인 구조로 작성되어야 한다. 업무에서 요구되는 문서는 요청이나 확인을 부탁하는 경우, 정보 제공을 위한 경우, 명령이나 지시가 필요한 경우, 제안이나 기획을 할 경우, 약속이나 추천을 위한 경우 등 작성해야 하는 상황에 따라 내용이 결정된다.

4. 모든 문서에는 그에 맞는 문서작성 원칙과 주의사항이 있다. 업무에서의 문서작성은 일반 글에 비해 형식적인 면을 상당히 중요시한다. 그러므로 문장 구성은 이해를 위해 간결한 긍정문으로 작성하고, 문서의 주요 내용을 먼저 쓰며 간단한 표제를 붙이는 것이 좋다. 또한 작성시기를 분명하게 기록하고 관련 없는 자료는 첨부하지 않으며, 문서 작성 후 반드시 내용을 재검토해야 한다.

5. 내용을 효과적으로 전달할 수 있어야 좋은 문서이다. 문서의 내용이 효과적으로 전달될 수 있도록 보기 쉽고, 이해하기 쉬우며, 숫자나 그래프 등으로 다채롭게 표시된 문서가 이해하기 쉽고 잘 작성된 문서라 할 수 있다.

[04] 경청능력

① 경청능력의 의의

① 경청능력이란?

㉠ 경청의 의미

상대방이 보내는 메시지에 주의를 기울이고 이해를 위해 노력하는 행동을 말한다.

㉡ 경청의 효과

대화의 상대방이 안도감을 느끼고 믿음을 갖게 되며, 이 효과로 인해 말과 메시지, 감정이 효과적으로 상대방에게 전달된다.

② 경청의 중요성

| 경청을 통해 | + | 대화의 상대방을(의) | ➡ | • 한 개인으로 존중하게 된다.
• 성실한 마음으로 대하게 된다.
• 입장에 공감하며 이해하게 된다. |

③ 올바른 경청의 방해요인

요인	내용
1	상대방의 말을 듣고 받아들이기보다 자신의 생각에 들어맞는 단서들을 찾아 자신의 생각을 확인하는 것
2	자신이 다음에 할 말을 생각하기에 바빠서 상대방이 말하는 것을 잘 듣지 않는 것
3	상대방의 말을 듣기는 하지만 상대방의 메시지를 온전하게 듣지 않는 것
4	상대방에 대한 부정적인 판단 때문에 또는 상대방을 비판하기 위해 상대방의 말을 듣지 않는 것
다른 생각하기	상대방이 말을 할 때 다른 생각을 하는 것으로, 현실이 불만스럽지만 이러한 상황을 회피하고 있다는 신호임
5	본인이 다른 사람의 문제를 지나치게 해결해 주고자 하는 것으로, 말끝마다 조언하려고 끼어들면 상대방은 제대로 말을 끝맺을 수 없음

정답 1. 짐작하기 2. 대답할 말 준비하기 3. 걸러내기 4. 판단하기 5. 조언하기

언쟁하기	단지 반대하고 논쟁하기 위해서만 상대방의 말에 귀를 기울이는 것
자존심 세우기	자존심이 강한 사람에게서 나타나는 태도로, 자신의 부족한 점에 대한 상대방의 말을 듣지 않으려 함
6	문제를 회피하려 하거나 상대방의 부정적 감정을 회피하기 위해서 유머 등을 사용하는 것으로, 이로 인해 상대방의 진정한 고민을 놓치게 됨
7	상대방을 위로하기 위해서 너무 빨리 동의하는 것으로, 상대방에게 자신의 생각이나 감정을 충분히 표현할 시간을 주지 못하게 됨

2 효과적인 경청방법

① 8　　　경청과 9　　　경청

8　경청	상대의 말에 집중하고 있음을 행동을 통해 표현하며 듣는 것으로, 질문, 확인, 공감 등으로 표현됨
9　경청	상대의 말에 특별한 반응 없이 수동적으로 듣는 것

② 8　　　경청을 위한 태도

- 비판적·충고적인 태도를 버린다.
- 상대방이 말하고 있는 의미 전체를 이해한다.
- 단어 이외의 표현에도 신경을 쓴다.
- 경청하고 있다는 것을 표현한다.
- 감정을 흥분시키지 않는다.

정답　6. 슬쩍 넘어가기　7. 비위 맞추기　8. 적극적　9. 소극적

③ 효과적인 경청을 위한 트레이닝

종류	내용
10	미리 나누어준 계획서 등을 읽어 강연 등에 등장하는 용어에 친숙해질 필요가 있음
11	말하는 사람의 속도와 말을 이해하는 속도 사이에 발생하는 간격을 메우는 방법을 학습해야 함
12	대화를 하는 동안 시간 간격이 있으면 다음에 무엇을 말할 것인가를 추측하려고 노력해야 함
13	상대방이 전달하려는 메시지가 무엇인가를 생각해 보고 자신의 삶, 목적, 경험과 관련지어 보는 습관이 필요함
14	질문에 대한 답이 즉각적으로 이루어질 수 없다고 하더라도 질문을 하려고 하면 경청하는 데 적극적이게 되고, 집중력이 높아지게 됨
15	대화 도중에 주기적으로 대화의 내용을 요약하면 상대방이 전달하려는 메시지를 이해하고, 사상과 정보를 예측하는 데 도움이 됨
16	상대방에 대한 자신의 지각이 옳았는지 확인할 수 있으며, 상대방에게 자신이 정확하게 의사소통을 하였는가에 대한 정보를 제공함

정답　10. 준비　11. 집중　12. 예측　13. 연관　14. 질문　15. 요약　16. 반응

3 경청훈련

① 17   **을/를 통한 경청훈련**

    ㉠ 주의 기울이기

      '바라보기, 듣기, 따라하기'가 이에 해당하며, 산만한 행동은 중단하고 비언어적인 것, 즉 상대방의 얼굴과 몸의 움직임뿐만 아니라 호흡하는 자세까지도 주의하여 관찰해야 한다.

    ㉡ 상대방의 경험을 인정하고 더 많은 정보 요청하기

      화자가 인도하는 방향으로 따라가고 있다는 것을 언어적 · 비언어적인 표현을 통하여 상대방에게 알려주는 것은 상대방이 더 많은 것을 말할 수 있는 수단이 된다.

    ㉢ 18   을/를 위해 요약하기

      상대방에 대한 자신의 이해의 정확성을 확인할 수 있게 하며, 자신과 상대방의 메시지를 공유할 수 있도록 한다.

    ㉣ 19   인 질문하기

      단답형의 대답이나 반응보다 상대방의 다양한 생각을 이해하고, 상대방으로부터 보다 많은 정보를 얻기 위한 방법이다.

    ㉤ '왜?'라는 질문 피하기

      '왜?'라는 질문은 보통 진술을 가장한 부정적 · 추궁적 · 강압적인 표현이므로 사용하지 않는 것이 좋다.

② 20   **태도와** 20   **반응**

20 태도	상대방이 하는 말을 상대방의 관점에서 이해하고 느끼는 것으로, 성숙한 인간관계를 유지하기 위해 필요
20 반응	상대방의 이야기를 그의 관점에서 이해하며, 말 속에 담겨 있는 감정과 생각에 민감하게 반응

정답 17. 대화법   18. 정확성   19. 개방적   20. 공감적

1. 경청은 상대방이 보내는 메시지 내용에 주의를 기울이고 이해를 위해 노력하는 행동을 의미한다. 경청을 통해 상대방은 우리가 그들에게 얼마나 집중하고 있는지 알 수 있다.

2. 적극적 경청은 자신이 상대방의 이야기에 주의를 집중하고 있다는 것을 행동을 통해 외적으로 표현하며 듣는 것을 의미한다. 소극적 경청은 상대방의 이야기에 특별한 반응을 표현하지 않고 수동적으로 듣는 것을 의미한다.

3. 올바른 경청을 방해하는 열 가지 요인은 다음과 같다.
   ❶ 짐작하기
   ❷ 대답할 말 준비하기
   ❸ 걸러내기
   ❹ 판단하기
   ❺ 다른 생각하기
   ❻ 조언하기
   ❼ 언쟁하기
   ❽ 자존심 세우기
   ❾ 슬쩍 넘어가기
   ❿ 비위 맞추기

4. 대화를 통한 경청훈련은 다음에 중점을 둔다.
   ❶ 주의를 기울여야 한다.
   ❷ 상대방의 경험을 인정하고 더 많은 정보를 요청한다.
   ❸ 정확성을 위해 요약한다.
   ❹ 개방적인 질문을 한다.
   ❺ '왜?'라는 질문을 피한다.

[05] 의사표현능력

1 의사표현능력의 의의

① 의사표현능력이란?

  ⊙ 의사표현의 의미

    말하는 이가 자신의 생각과 감정을 듣는 이에게 음성언어나 신체언어로 표현하
    는 행위를 말한다.

  ⓒ 의사표현의 종류

종류	내용
1 말하기	사전에 준비된 내용을 대중을 상대로 하여 말하는 것 예 2 , 3 , 4 등
5 말하기	정치적 행사에서와 같이 절차에 따라 말하는 것 예 6 , 7 , 8 등
9 말하기	매우 10 한 사람들 사이에서 이루어지는 것으로, 자연스런 상황에서 떠오르는 대로 주고받으며 말하는 것

② 의사표현의 중요성

  언어에 의해 그려지는 이미지로 인해 자신의 이미지가 형상화될 수 있다. 즉, 자신
  이 자주 하는 말로 자신의 이미지가 결정된다는 것이다.

정답 1. 공식적 2. 연설 3. 토의 4. 토론 5. 의례적 6. 식사 7. 주례 8. 회의 9. 친교적
      10. 친근

② 의사표현에 영향을 미치는 비언어적 요소

요소	내용
11	• 청중 앞에서 이야기를 해야 하는 상황일 때 정도의 차이는 있지만 누구나 가슴이 두근거리는 등의 현상을 느끼게 됨 • 소수가 경험하는 심리상태가 아닌, 90% 이상의 사람들이 호소하는 불안
말	• 12 　　　　 : 표기가 같은 말이라도 소리가 길고 짧음에 따라 전혀 다른 뜻이 되는 단어의 경우 긴 소리와 짧은 소리를 구분하여 정확하게 발음해야 함 • 13 　　　　 : 정확한 13 　　　　 을/를 구사하여 듣는 이에게 전달하고자 하는 내용을 명확하게 전달해야 함 • 14 　　　　 : 청중의 반응을 감지하면서 분위기, 내용에 따라 14 　　　　 을/를 조절해야 함 • 쉼 : 의도적으로 쉼을 잘 활용함으로써 논리성, 동질감 등을 확보해야 함
15	• 15 　　　　 : 몸동작으로 화자가 말을 하면서 자연스럽게 동반하는 움직임으로, 말로 설명하기 어려운 것을 설명할 때 자주 사용됨 • 몸의 16 　　　　 : 몸의 16 　　　　 을/를 통해 대화 상대를 향하는가, 피하는가가 판단됨 • 자세 : 특정 자세를 보고 그 사람의 분노, 슬픔, 행복과 같은 일부 감정을 알 수 있음
유머	• 건전한 유머는 즐겁고 유쾌한 생활이 가능하게 함 • 일상생활 속에서 부단히 훈련해야만 자연스럽게 상황에 맞는 유머를 즉흥적으로 구사할 수 있음 • 엄숙한 분위기를 가볍게 만들 때 활용할 수 있음

3 효과적인 의사표현법

종류	내용
17	• 충고나 질책의 형태로 나타낼 것 • '칭찬 – 질책 – 격려'의 샌드위치 화법을 사용할 것 • 충고는 최후의 수단으로 은유적으로 접근할 것
18	• 대화 서두의 분위기 전환용으로 사용할 것 • 상대에 어울리는 중요한 내용을 포함할 것
19	• 부탁 : 구체적으로 부탁하며, 거절을 당해도 싫은 내색을 하지 않을 것 • 업무상 지시, 명령 : 강압적 표현보다는 청유식 표현을 활용할 것
20	• 거절에 대한 사과와 함께 응할 수 없는 이유를 설명할 것 • 단호하게 거절하지만, 정색하는 태도는 지양할 것
21	• 강요는 금물 • 문 안에 한 발 들여놓기 기법 • 얼굴 부딪히기 기법

01

Point / 설득 기법

- 문 안에 한 발 들여놓기 기법(Foot in the Door Technique) : 말하는 이가 요청하고 싶은 도움이 100이라면 처음에는 상대방이 'Yes'라고 할 수 있도록 50이나 60 정도로 부탁을 하고, 점차 도움의 내용을 늘려서 상대방의 허락을 유도하는 방법이다.
- 얼굴 부딪히기 기법(Door in the Face Technique) : 말하는 이가 원하는 도움의 크기가 50이라면 처음에 100을 상대방에게 요청하고 거절을 유도하는 것이다. 이후 이미 한 번 도움을 거절한 듣는 이는 말하는 이에게 미안한 마음을 가지게 되고, 좀 더 작은 도움을 요청받으면 미안한 마음을 보상하기 위해 100보다 작은 요청을 들어주게 된다.

정답   17. 지적   18. 칭찬   19. 요구   20. 거절   21. 설득

1 기초외국어능력의 의의

① 기초외국어능력이란?

우리만의 언어가 아닌 세계의 언어로 의사소통을 가능하게 하는 능력을 말한다.

② 기초외국어능력이 필요한 상황

㉠ 1 ▨▨▨▨, 2 ▨▨▨▨ 등 의사소통을 위해 외국어를 사용하는 경우

외국 기업과 협업하는 경우 대면하지 않더라도 전화나 메일을 통해 영어로 업무를 진행해야 하는 상황이 발생한다. 이 경우 업무 관련 회화는 물론이고 안부 인사처럼 일상에서 나누는 가벼운 대화도 요구된다.

㉡ 3 ▨▨▨▨, 4 ▨▨▨▨ 등 외국어 문서를 이해해야 하는 경우

외국어로 된 문서나 제품 설명서, 매뉴얼 등을 이해해야 하는 상황이 올 수 있으며, 이럴 경우 어느 정도의 독해가 되어야 업무에 차질이 발생하지 않는다. 실생활에서 그 예를 찾아 보면 집에 있는 가전제품 설명서만 보아도 다양한 외국어로 설명이 되어 있음을 알 수 있다.

㉢ 필요한 정보를 얻기 위한 경우

인터넷으로 필요한 정보를 얻기 위해서 해외 웹 사이트를 방문하는 경우도 점차 늘고 있다. 국내에서 찾기 어려운 아이디어나 참고 사례를 찾기 위해 인터넷의 방대한 정보 바다를 마음껏 탐색하려면 어느 정도의 기초외국어능력이 필요하다.

정답 1. 전화 2. 메일 3. 매뉴얼 4. 서류

② 외국인과의 비언어적 의사소통

① 5 　　　　(으)로 알아채기

웃는 표정은 행복과 만족, 친절을 표현하는 데 비해, 눈살을 찌푸리는 표정은 불만족과 불쾌를 나타낸다. 또한 눈을 마주 쳐다보는 것은 흥미와 관심이 있음을, 그리고 그렇게 하지 않음은 무관심을 말해 준다.

② 6 　　　　(으)로 알아채기

어조가 높으면 적대감이나 대립감을 나타내고, 낮으면 만족이나 안심을 나타낸다. 또한 목소리가 커졌으면 내용을 강조하는 것이거나 흥분, 불만족 등의 감정 상태를 표현하는 것이다. 또한 말의 속도와 리듬이 매우 빠르거나 짧게 얘기하면 공포나 노여움을 나타내는 것이며, 너무 자주 말을 멈추면 결정적인 의견이 없음을 의미하거나 긴장 또는 저항을 의미한다.

01

> **Point** ▶ 외국인과의 의사소통에서 피해야 할 행동
>
> - 상대를 볼 때 흘겨보거나 노려보거나 아예 보지 않는 것
> - 팔이나 다리를 꼬는 것
> - 표정이 없는 것
> - 다리를 흔들거나 펜을 돌리는 것
> - 맞장구를 치지 않거나 고개를 끄덕이지 않는 것
> - 생각 없이 메모하는 것
> - 자료만 들여다 보는 것
> - 바르지 못한 자세로 앉는 것
> - 한숨, 하품, 신음소리를 내는 것
> - 다른 일을 하며 듣는 것
> - 상대방에게 이름이나 호칭을 어떻게 부를지 묻지 않고 마음대로 부르는 것

정답 5. 표정 6. 음성

MEMO

PART 02
수리능력

[01] 수리능력의 의의

▮ 수리능력의 기초

① 수리능력이란?

사칙연산과 기초적인 통계를 이해하고, 도표의 의미를 파악하거나 도표를 이용해서 결과를 효과적으로 제시하는 능력을 의미한다.

② 수리능력의 분류

분류	내용
1	기초적인 사칙연산과 계산방법을 이해하고 활용하는 능력
2	평균, 합계와 같은 기초적인 통계기법을 활용하여 자료의 특성과 경향성을 파악하는 능력
3	도표의 의미를 파악하고, 필요한 정보를 해석하는 능력
4	자료를 이용하여 도표를 효과적으로 제시하는 능력

기초연산능력   기초통계능력

수리능력

도표분석능력   도표작성능력

정답 1. 기초연산능력 2. 기초통계능력 3. 도표분석능력 4. 도표작성능력

---

2 도표의 분석 및 작성

① 도표의 의의

내용을 선·그림·원 등으로 시각화하여 표현하는 것이며, 한눈에 내용을 파악할 수 있다는 데 그 특징이 있다.

② 도표 작성의 목적

㉠ 타인에 대한 보고·설명 : 회의에서의 설명, 상급자에게 보고

㉡ 현재의 상황분석 : 상품별 매출액의 경향

㉢ 관리목적 : 진도표

③ 도표 작성 시 주의사항

- 보기 쉽게 깨끗이 그린다.
- 하나의 도표에 여러 가지 내용을 넣지 않는다.
- 특별히 순서가 정해 있지 않는 것은 큰 것부터, 왼쪽에서 오른쪽으로, 또는 위에서 아래로 그린다.
- 눈금의 간격을 부적절하게 설정할 경우 수치가 왜곡될 수 있으므로 주의한다.
- 수치를 생략할 경우에는 잘못 이해하는 경우가 생기므로 주의한다.
- 컴퓨터에 의한 전산 그래프를 최대한 이용한다.

④ 도표 해석 시 필요한 단위의 환산

종류	단위 환산
길이	1cm= 5 mm, 1m= 6 cm, 1km= 7 m
넓이	$1cm^2=100mm^2$, $1m^2=10,000cm^2$, $1km^2=1,000,000m^2$
부피	$1cm^3=$ 8 mm^3, $1m^3=$ 9 cm^3, $1km^3=$ 10 m^3
들이	$1m\ell=$ 11 cm^3, $1d\ell=$ 12 $cm^3=$ 13 $m\ell$, $1\ell=$ 14 $cm^3=$ 15 $d\ell$
무게	1kg= 16 g, 1t= 17 kg= 18 g
시간	1분=60초, 1시간=60분=3,600초
할푼리	1푼= 19 할, 1리= 20 할, 1모=0.001할

정답 5. 10 6. 100 7. 1,000 8. 1,000 9. 1,000,000 10. 1,000,000,000 11. 1 12. 100 13. 100 14. 1,000 15. 10 16. 1,000 17. 1,000 18. 1,000,000 19. 0.1 20. 0.01

1. 수리능력이란 업무 상황에서 요구되는 사칙연산과 기초적인 통계를 이해하고, 도표의 의미를 파악하거나 자료를 이용해서 도표를 효과적으로 제시하는 능력을 의미한다.

2. 수리능력은 ❶ 기초연산능력, ❷ 기초통계능력, ❸ 도표분석능력, ❹ 도표작성능력 등으로 구성된다. 수리능력은 ❶ 수학적 사고를 통한 문제해결, ❷ 직업세계의 변화에 적응, ❸ 실용적 가치의 구현, ❹ 정확하고 간결한 의사소통이라는 측면에서 중요하다.

3. 도표란 선·그림·원 등으로 그림을 그려서 내용을 시각적으로 표현하여 한눈에 알아볼 수 있게 한 것을 의미하며, 도표를 작성함으로써 얻을 수 있는 이점으로는 ❶ 보고 및 설명이 용이함, ❷ 상황분석을 할 수 있음, ❸ 관리목적에의 활용 등을 들 수 있다.

4. 업무를 수행할 때 흔히 활용하는 단위로는 길이·넓이·부피·들이·무게·시간·할푼리 등이 있으며, 각종 단위를 읽고 해석할 수 있는 능력의 함양이 필요하다.

[02] 기초연산능력

1 사칙연산과 검산

① 사칙연산의 의의

수에 대한 1 · 2 · 3 · 4 의 네 종류의 계산법으로, 사칙계산이라고도 한다. 특히 업무를 원활하게 수행하기 위해서는 기본적인 사칙연산뿐만 아니라 복잡한 사칙연산까지도 수행할 수 있어야 한다.

② 기초연산능력이 요구되는 상황

업무상 계산을 수행하고 결과를 정리하는 경우

조직의 예산안을 작성하는 경우

업무비용을 측정하는 경우

업무 수행 중 연산능력이 요구되는 상황

업무 수행경비를 제시해야 하는 경우

고객과 소비자의 정보를 조사하고 결과를 종합하는 경우

다른 상품과 가격비교를 하는 경우

③ 검산

    ㉠ 검산의 의의

        연산의 결과를 확인하는 과정을 의미하며, 업무를 수행하는 데 있어서 연산의 결과를 확인하는 검산과정을 거치는 것은 필수적이다.

    ㉡ 검산방법의 종류

5	본래의 풀이와 반대로 연산을 해 가면서 본래의 답이 맞는지를 확인해 나가는 방법
6	원래의 수와 각 자릿수의 합을 9로 나눈 나머지가 같다는 원리를 이용하는 것으로, 각각의 수를 9로 나눈 나머지가 같은지를 확인하는 방법

정답 1. 덧셈 2. 뺄셈 3. 곱셈 4. 나눗셈 5. 역연산법 6. 구거법

2 응용수리

① 방정식 · 부등식의 활용

   ⊙ 거리 · 속력 · 시간

$$(거리)=(\text{7} \quad)\times(\text{8} \quad), \ (속력)=\frac{(\text{9} \quad)}{(\text{10} \quad)}, \ (시간)=\frac{(\text{11} \quad)}{(\text{12} \quad)}$$

   ⓒ 일

   전체 작업량을 1로 놓고, 단위 시간 동안 한 일의 양을 기준으로 식을 세움

   ⓒ 농도

$$[소금물의\ 농도(\%)]=\frac{(\text{13} \quad\quad)}{(\text{14} \quad\quad)}\times 100$$

   ⓔ 나이

   문제에서 제시된 조건의 나이가 현재인지 과거인지를 확인한 후 구해야 하는 한 명의 나이를 변수로 잡고 식을 세움

   ⓜ 비율

$$x가\ a\%\ 증가 : x\times\left(1+\frac{a}{100}\right), \ x가\ a\%\ 감소 : x\times\left(1-\frac{a}{100}\right)$$

   ⓗ 금액

    • (정가)=(원가)+(이익), (이익)=(원가)×(이율)

    • a원에서 $b\%$ 할인한 가격$=a\times\left(1-\dfrac{b}{100}\right)$

    • 단리법 · 복리법(원금 : a, 이율 : r, 기간 : n, 원리합계 : S)

15	16
• 정의 : 원금에 대해서만 약정된 이자율과 기간을 곱해 이자를 계산 • $S=a\times(1+r\times n)$	• 정의 : 원금에 대한 이자를 가산한 후 이 합계액을 새로운 원금으로 계산 • $S=a\times(1+r)^n$

ⓐ 날짜·요일
- 1일＝24시간＝1,440분＝86,400초
- 월별 일수 : 1월, 3월, 5월, 7월, 8월, 10월, 12월은 31일, 4월, 6월, 9월, 11월은 30일, 2월은 28일 또는 29일
- 윤년(2월 29일)은 4년에 1번

ⓞ 시계
- 시침이 1시간 동안 이동하는 각도 : [17   ]°
- 시침이 1분 동안 이동하는 각도 : [18   ]°
- 분침이 1분 동안 이동하는 각도 : [19   ]°

ⓩ 수
- 연속한 두 자연수 : x, $x+1$
- 연속한 세 자연수 : $x-1$, x, $x+1$
- 연속한 두 짝수(홀수) : x, $x+2$
- 연속한 세 짝수(홀수) : $x-2$, x, $x+2$
- 십의 자릿수가 x, 일의 자릿수가 y인 두 자리 자연수 : $10x+y$
- 백의 자릿수가 x, 십의 자릿수가 y, 일의 자릿수가 z인 세 자리 자연수 : $100x+10y+z$

② 경우의 수

ⓐ 어떤 사건이 일어날 수 있는 모든 가짓수

ⓑ 합의 법칙 : 두 사건 A와 B가 동시에 일어나지 않을 때, 사건 A가 일어나는 경우의 수를 m, 사건 B가 일어나는 경우의 수를 n이라 하면, 사건 A 또는 B가 일어나는 경우의 수는 (20   )이다.

ⓒ 곱의 법칙 : 사건 A가 일어나는 경우의 수를 m, 사건 B가 일어나는 경우의 수를 n이라 하면, 사건 A와 B가 동시에 일어나는 경우의 수는 (21   )이다.

③ 22   · 23

22	23
• 서로 다른 n개에서 r개를 순서대로 나열하는 경우의 수 • $_nP_r = \dfrac{n!}{(n-r)!}$ • $_nP_n = n!$, $0! = 1$, $_nP_0 = 1$	• 서로 다른 n개에서 r개를 순서에 상관없이 나열하는 경우의 수 • $_nC_r = \dfrac{n!}{(n-r)! \times r!}$ • $_nC_r = {}_nC_{n-r}$, $_nC_0 = {}_nC_n = 1$

④ 24

㉠ (사건 A가 일어날 확률)$= \dfrac{(\text{사건 A가 일어나는 경우의 수})}{(\text{모든 경우의 수})}$

㉡ 여사건의 확률 : 사건 A가 일어날 확률이 p일 때, 사건 A가 일어나지 않을 확률은 (25   )이다.

㉢ 확률의 덧셈정리 : 두 사건 A, B가 동시에 일어나지 않을 때 A가 일어날 확률을 p, B가 일어날 확률을 q라고 하면, 사건 A 또는 사건 B가 일어날 확률은 (26   )이다.

㉣ 확률의 곱셈정리 : A가 일어날 확률을 p, B가 일어날 확률을 q라고 하면, 사건 A와 사건 B가 동시에 일어날 확률은 (27   )이다.

정답 22. 순열 23. 조합 24. 확률 25. $1-p$ 26. $p+q$ 27. $p \times q$

1. 업무를 원활하게 수행하기 위해서는 기초적인 사칙연산을 수행할 수 있어야 한다. 사칙연산이란 수에 대한 덧셈(+)·뺄셈(−)·곱셈(×)·나눗셈(÷)의 네 종류의 계산법으로, 사칙계산이라고도 한다.

2. 기초연산능력은 업무 상황에서 필요한 기초적인 사칙연산과 계산방법을 이해하고 활용하는 능력을 의미하며, 특히 업무 수행 과정에서 논리적으로 사고하여 연산을 수행할 경우 더욱 좋은 결과를 얻을 수 있다.

3. 업무를 원활하게 수행하기 위해서는 기본적인 사칙연산뿐 아니라 복잡한 다단계 사칙연산까지도 수행할 수 있어야 한다.

4. 검산이란 연산의 결과를 확인하는 과정을 의미하며, 업무를 수행할 때 연산 결과를 확인하는 검산과정을 거치는 것은 필수적이다.

5. 업무 수행 과정에서 활용할 수 있는 검산방법 중 대표적인 것은 역연산 방법을 들 수 있다. 역연산 방법이란 본래의 풀이와 반대로 연산을 해 가면서 본래의 답이 맞는지를 확인해 나가는 과정이다.

6. 검산방법으로서 역연산 방법 이외에 쉽게 활용할 수 있는 방법으로는 구거법이 있다. 구거법이란 원래의 수와 각 자릿수의 합을 9로 나눈 나머지가 같다는 원리를 이용하는 것으로, 각 수를 9로 나눈 나머지만 계산해서 좌변과 우변의 9로 나눈 나머지가 같은지 확인하는 방법이다.

1 통계의 의의

① 통계란?

집단현상에 대한 구체적인 양적 기술을 반영하는 숫자를 의미하며, 특히 사회집단 또는 자연집단의 상황을 숫자로 나타낸 것을 말한다.

② 통계의 본질

- 구체적인 일정집단에 대한 숫자자료가 통계이며, 단일개체에 대한 숫자자료일 때에는 통계라고 하지 않는다.
- 통계의 요소인 단위나 표지를 어떻게 규정하는지에 따라 통계자료가 다르게 나타나게 되므로 이들에 대한 구체적 개념이나 정의를 어떻게 정하는가가 중요하다.

③ 통계의 기능

- 수량적 자료를 처리 가능하고 이해할 수 있는 형태로 축소시킨다.
- 표본을 통해 연구대상 집단의 특성을 유추할 수 있게 한다.
- 의사결정의 보조수단으로 이용된다.
- 관찰 가능한 자료를 통해 논리적으로 결론을 추출·검증할 수 있게 한다.

④ 통계의 속성

㉠ 단위와 표지

집단을 구성하는 각 개체를 단위라 하며, 단위가 가지고 있는 공통의 성질을 표지라고 한다.

㉡ 표지의 분류

1	질적인 표지	2 , 3 , 4 등
5	양적인 표지	6 , 7 등

정답 1. 속성통계 2. 성별 3. 산업 4. 직업 5. 변수통계 6. 연령 7. 소득금액

2 통계자료의 해석

① 기본적인 통계치

종류	내용
8	어떤 사건이 일어나거나 증상이 나타나는 정도
9	빈도를 표나 그래프로 종합적이면서도 일목요연하게 표시하는 것
10	모든 사례의 수치를 합한 후 총 사례 수로 나눈 값
11	백분비라고도 하며, 전체의 수량을 100으로 하여 해당되는 수량이 그중 몇이 되는가를 가리키는 수를 %로 나타낸 것
12	분포의 흩어진 정도를 가장 간단히 알아보는 방법으로, 최곳값에서 최젓값을 뺀 값
13	각 관찰값과 평균값과의 차이를 제곱한 값의 평균을 의미하며, 구체적으로는 각 관찰값과 평균값과의 차이를 제곱한 값을 모두 합해서 개체의 수로 나눈 값
14	분산의 제곱근 값을 의미하며, 개념적으로는 평균으로부터 얼마나 떨어져 있는가를 나타내는 개념으로, 분산과 개념적으로 동일함

② 다섯숫자요약

종류	내용
15	원자료 중 값의 크기가 가장 작은 값
16	원자료 중 값의 크기가 가장 큰 값
17	최솟값부터 최댓값까지 크기에 의하여 배열하였을 때 중앙에 위치하는 값
18	원자료를 크기 순으로 배열하여 4등분한 값을 의미하며, 백분위수의 관점에서 제25백분위수, 제75백분위수로 표기
19	

1. 통계란 사회현상의 양을 반영하는 숫자이며, 특히 사회집단의 상황을 숫자로 표현한 것이다. 근래에는 통계적 방법의 급속한 진보와 보급에 따라 자연적인 현상이나 추상적인 수치의 집단도 포함해서 일체의 집단적 현상을 숫자로 나타 낸 것을 통계라고 한다.

2. 업무를 수행할 때 통계를 활용함으로써 얻을 수 있는 이점으로는 ❶ 많은 수량 적 자료를 처리 가능하고 쉽게 이해할 수 있는 형태로 축소, ❷ 표본을 통해 연구대상 집단의 특성을 유추, ❸ 의사결정의 보조수단, ❹ 관찰 가능한 자료를 통해 논리적으로 어떠한 결론을 추출·검증 등을 들 수 있다.

3. 업무를 효과적으로 수행하기 위해서는 빈도·백분율·범위·평균·분산·표 준편차 등과 같은 기본적인 통계치의 개념을 파악하고 있어야 한다.

4. 범위란 분포의 흩어진 정도를 가장 간단히 알아보는 방법으로 최곳값에서 최젓 값을 뺀 값을 의미하며, 평균이란 집단의 특성을 요약하기 위해서 가장 빈번하 게 활용하는 값으로, 전체 사례 수의 값을 모두 더한 후 총 사례 수로 나눈 값을 의미한다.

5. 분산이란 각 관찰값과 평균값과의 차이를 제곱한 값의 평균을 의미하며, 표준편 차란 분산의 제곱근 값을 의미한다.

6. 원자료의 전체적인 형태를 파악하기 위해서는 평균과 표준편차만으로는 불가 능하며, 다섯숫자요약(최솟값·최댓값·중앙값·하위 25%값·상위 25%값) 을 효과적으로 활용할 수 있어야 한다. 또한 통계값을 제시할 때에는 평균값과 중앙값 모두 똑같은 중요도를 갖고 활용할 필요가 있다.

1 도표의 종류

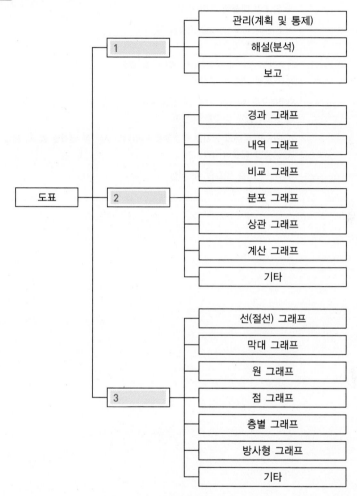

관리(계획 및 통제)
해설(분석)
보고

경과 그래프
내역 그래프
비교 그래프
분포 그래프
상관 그래프
계산 그래프
기타

선(절선) 그래프
막대 그래프
원 그래프
점 그래프
층별 그래프
방사형 그래프
기타

도표

02

정답 1. 목적별   2. 용도별   3. 형상별

2 도표의 활용

종류	내용
4	시간적 추이(시계열 변화)를 표시할 때 적합 예 연도별 매출액 추이 변화
5	수량 간의 대소 관계를 비교할 때 적합 예 영업소별 매출액
6	내용의 구성비를 분할하여 나타낼 때 적합 예 제품별 매출액 구성비
7	지역분포를 비롯한 기업 등의 평가나 위치, 성격을 표시할 때 적합 예 광고비율과 이익률의 관계
8	합계와 각 부분의 크기를 백분율로 나타내고 시간적 변화를 볼 때 적합 예 상품별 매출액 추이
9	다양한 요소를 비교할 때 적합 예 매출액의 계절변동

정답   4. 선 그래프 5. 막대 그래프 6. 원 그래프 7. 점 그래프 8. 층별 그래프 9. 방사형 그래프

3 도표의 형태별 특징

① 10

시간의 경과에 따라 수량에 의한 변화의 상황을 선의 기울기로 나타내는 그래프로, 시간적 변화에 따른 수량의 변화를 표현할 때 활용할 수 있다.

〈중학교 장학금, 학비감면 수혜현황〉

② 11

비교하고자 하는 수량을 막대 길이로 표시하고 그 길이를 비교하여 각 수량 간의 대소 관계를 나타내는 그래프로, 전체에 대한 구성비를 표현할 때 다양하게 활용할 수 있다.

〈연도별 암 발생 추이〉

정답 10. 선 그래프 11. 막대 그래프

③ 12

내용의 구성비를 원을 분할하여 작성하는 그래프로, 전체에 대한 구성비를 표현할 때 다양하게 활용할 수 있다.

〈입후보자의 득표 비율〉

④ 13

선의 움직임보다는 선과 선 사이의 크기로 데이터 변화를 나타내는 그래프로, 시간 적 변화에 따른 구성비의 변화를 표현하고자 할 때 활용할 수 있다.

〈우리나라 세계유산 현황〉

정답 12. 원 그래프   13. 층별 그래프

⑤ 14

종축과 횡축에 두 개의 요소를 두고, 각 항목이 어떤 위치에 있는가를 알고자 할 때 활용할 수 있다.

〈OECD 국가의 대학졸업자 취업률 및 경제활동인구 비중〉

⑥ 15

비교하는 수량을 직경 또는 반경으로 나누어 원의 중심에서의 거리에 따라 각각의 관계를 나타내는 그래프로, 대상을 비교하거나 경과를 나타낼 때 활용할 수 있다.

〈외환위기 전후 한국의 경제상황〉

정답 14. 점 그래프 15. 방사형 그래프(레이더 차트, 거미줄 그래프)

1. 도표는 관리나 문제해결의 과정에서 다양하게 활용되며, 활용되는 국면에 따라 활용되는 도표의 종류를 달리할 필요가 있다. 따라서 업무 수행을 원활하게 하기 위해서는 각각의 도표를 활용하여야 하는 경우에 대해서 숙지하고 있을 필요가 있다.

2. 도표는 목적별·용도별·형상별로 다양하게 분류할 수 있으며, 대표적인 것으로는 선(절선) 그래프, 막대 그래프, 원 그래프, 점 그래프, 방사형 그래프(거미줄 그래프) 등이 있다.

3. 선(절선) 그래프란 주로 시간의 경과에 따른 수량의 변화를 절선의 기울기로 나타내는 그래프를 말하며, 봉 그래프라고도 불리는 막대 그래프는 비교하고자 하는 수량을 막대 길이로 표시하고 그 길이를 비교하여 각 수량 간의 대소 관계를 나타내는 그래프이다.

4. 원 그래프는 일반적으로 내역이나 내용의 구성비를 원을 분할하여 작성한 것이며, 점 그래프는 세로축과 가로축에 2요소를 두고, 보고자 하는 것이 어떤 위치에 있는가를 알고자 하는 데 활용할 수 있다.

5. 업무를 수행할 때뿐 아니라 뉴스를 보거나 신문을 읽을 때에도 다양한 표와 그래프를 접하게 된다. 특히 표와 그래프를 정확하게 읽고 의미를 찾아내며, 향후 추이를 분석해 내는 능력은 필수라 할 수 있다.

6. 효과적으로 도표를 분석하기 위해서는 ❶ 요구되는 지식의 수준을 넓히고, ❷ 도표에 제시된 자료의 의미를 정확히 숙지하며, ❸ 도표로부터 알 수 있는 것과 없는 것을 구별하고, ❹ 총량의 증가와 비율의 증가를 구분하며, ❺ 백분위수와 사분위수를 정확히 이해하고 있어야 한다.

[05] 도표작성능력

▌ 도표의 작성

① 도표의 작성절차

작성하려는 도표의 [1] 결정

↓

가로축과 세로축에 나타낼 것을 결정

↓

가로축과 세로축의 눈금의 [2] 결정

↓

자료를 가로축과 세로축이 [3]에 표시

↓

표시된 점에 따라 도표 작성

↓

도표의 [4] 및 [5] 표기

② 업무 수행 중에 활용되는 도표작성

- 업무결과를 도표를 사용하여 제시하는 경우
- 업무의 목적에 맞게 계산결과를 묘사하는 경우
- 업무 중 계산을 수행하고 결과를 정리하는 경우
- 업무에 소요되는 비용을 시각화해야 하는 경우
- 고객과 소비자의 정보를 조사하고 결과를 설명하는 경우

02

❷ 도표 작성 시 유의사항

① 선 그래프

- 세로축에 6   (금액, 매출액 등), 가로축에 7   (연, 월, 장소 등)을/를 표시하고 축의 모양은 L자형으로 하는 것이 일반적이다.
- 선의 높이에 따라 수치를 파악하는 경우가 많으므로 세로축의 눈금을 가로축의 눈금보다 8   하는 것이 효과적이다.
- 선이 두 종류 이상인 경우는 각각에 대해 명칭을 기입해야 하며, 중요한 선을 다른 선보다 굵게 하는 등의 노력을 기울일 필요가 있다.

② 막대 그래프

- 세로형이 보다 일반적이나, 가로형으로 작성할 경우 사방을 틀로 싸는 것이 좋다.
- 가로축은 7   (연, 월, 장소 등), 세로축은 6   (금액, 매출액 등)을/를 표시하는 것이 일반적이다.
- 막대의 수가 많은 경우에는 눈금선을 기입하는 것이 알아보기에 좋다.
- 막대의 폭은 모두 9   하여야 한다.

---

③ 원 그래프

- 정각 12시의 선을 시작선으로 하며, 이를 기점으로 하여 [10](으)로 그리는 것이 일반적이다.
- 분할선은 구성비율이 큰 순서로 그리되, '[11]' 항목은 구성비율의 크기에 관계없이 가장 뒤에 그린다.
- 각 항목의 명칭은 같은 방향으로 기록하는 것이 일반적이나, 각도가 작아서 명칭을 기록하기 힘든 경우에는 [12]을/를 사용하여 기록한다.

④ 층별 그래프

- 가로로 할 것인지 세로로 할 것인지는 작성자의 기호나 공간에 따라 판단하나, 구성비율 그래프는 가로로 작성하는 것이 좋다.
- 눈금은 선 그래프나 막대 그래프보다 적게 하고 눈금선을 넣지 않아야 하며, 층별로 색이나 모양이 다른 것이어야 한다.
- 같은 항목은 옆에 있는 층과 선으로 연결하여 보기 쉽도록 하여야 한다.
- 세로 방향일 경우 [13]에서 [14](으)로, 가로 방향일 경우 [15]에서 [16](으)로 나열하면 보기가 좋다.

정답 10. 오른쪽 11. 기타 12. 지시선 13. 위 14. 아래 15. 왼쪽 16. 오른쪽

1. 업무의 결과를 정리할 때 도표를 직접 작성함으로써 결과를 효과적으로 제시할 수 있다.

2. 업무 수행 과정에서 도표를 작성할 때 일반적으로 따라야 하는 절차는 ❶ 작성하려는 도표의 종류 결정, ❷ 가로축과 세로축에 나타낼 것을 결정, ❸ 가로축과 세로축의 눈금의 크기 결정, ❹ 자료를 가로축과 세로축이 만나는 곳에 표시, ❺ 표시된 점에 따라 도표 작성, ❻ 도표의 제목 및 단위 표기이다.

3. 선 그래프를 작성할 경우에는 세로축에 수량(금액, 매출액 등), 가로축에 명칭 구분(연, 월, 장소 등)을 제시하며, 축의 모양은 L자형으로 하는 것이 일반적이다.

4. 막대 그래프를 작성할 경우에는 가로축은 명칭 구분(연, 월, 장소, 종류 등)으로, 세로축은 수량(금액, 매출액 등)으로 정하며, 막대 수가 부득이하게 많을 경우에는 눈금선을 기입하는 것이 알아보기 쉽다. 이때 막대의 폭은 반드시 모두 같게 해야 한다.

5. 원 그래프를 작성할 때에는 정각 12시의 선을 시작선으로 하며, 이를 기점으로 하여 오른쪽으로 그리는 것이 보통이다. 또한 분할선은 구성비율이 큰 순서로 그리되, '기타' 항목은 구성비율의 크기에 관계없이 가장 뒤에 그리는 것이 좋다.

6. 컴퓨터를 활용하여 업무 수행 결과물을 출력하는 것은 대단히 중요한 일이다. 특히 엑셀을 이용해 작성한 도표는 대단히 호환성이 높고, 도표를 쉽게 작성할 수 있다는 장점이 있어 많이 활용하고 있다.

PART 03
문제해결능력

[01] 문제해결능력의 의의

1 문제의 의의

① 1   와/과 2

1	업무를 수행함에 있어서 답을 요구하는 질문이나 의논하여 해결해야 하는 사항
2	문제의 원인이 되는 사항으로, 문제해결을 위해서 조치가 필요한 대상

난폭운전으로 전복사고가 일어난 경우는 '사고의 발생'이 문제이며, '난폭운전'은 문제점이다.

② 3   · 4   · 5

3 (보이는 문제)	• 눈앞에 발생되어 해결하기 위해 고민하는 문제를 말하며, 원인지향적인 문제라고도 함 • 이탈 문제 : 어떤 기준을 이탈함으로써 생기는 문제 • 미달 문제 : 기준에 미달하여 생기는 문제
4 (찾는 문제)	• 현재의 상황을 개선하거나 효율을 높이기 위한 문제를 말하며, 문제를 방치하면 뒤에 큰 손실이 따르거나 해결할 수 없게 되는 것 • 잠재 문제 : 문제가 잠재되어 인식하지 못하다가 결국 확대되어 해결이 어려운 문제 • 예측 문제 : 현재는 문제가 아니지만 계속해서 현재 상태로 진행될 경우를 가정했을 때 앞으로 일어날 수 있는 문제 • 발견 문제 : 현재는 문제가 없으나 좋은 제도나 기법, 기술을 발견하여 개선·향상시킬 수 있는 문제
5 (미래의 문제)	• 장래의 경영 전략을 통해 앞으로 어떻게 할 것인가 하는 문제 • 새로운 목표를 설정함에 따라 일어나는 문제로, 목표 지향적 문제라고도 함 • 많은 창조적인 노력이 요구되므로 창조적 문제라고도 함

정답   1. 문제   2. 문제점   3. 발생형 문제   4. 탐색형 문제   5. 설정형 문제

2 ⬛ 6󠀠⬛⬛⬛⬛⬛ 의 의의

① 6󠀠⬛⬛⬛⬛⬛ (이)란?

목표와 현상을 분석하고, 이 분석 결과를 토대로 과제를 도출하여 최적의 해결책을 찾아 실행·평가해 가는 활동을 말한다.

② 6󠀠⬛⬛⬛⬛⬛ 에 필요한 기본요소

- 체계적인 교육훈련
- 창조적 스킬의 습득
- 전문영역에 대한 지식 습득
- 문제에 대한 체계적인 접근

③ 6󠀠⬛⬛⬛⬛⬛ 의 장애요소

- 문제를 철저하게 분석하지 않는 것
- 고정관념에 얽매이는 것
- 쉽게 떠오르는 단순한 정보에 의지하는 것
- 너무 많은 자료를 수집하려고 노력하는 것

Point 〉 문제

- 업무를 수행함에 있어서 답을 요구하는 질문이나 의논하여 해결해야 되는 사항을 의미한다.
- 해결하기를 원하지만 실제로 어떻게 해결해야 하는지 모르고 있는 상태도 포함된다.
- 얻고자 하는 해답이 있지만 그 해답을 얻는 데 필요한 일련의 행동을 알지 못하는 상태도 있다.
- 문제는 일반적으로 7󠀠⬛⬛⬛⬛⬛, 8󠀠⬛⬛⬛⬛⬛, 9󠀠⬛⬛⬛⬛⬛ (으)로 구분된다.

정답 6. 문제해결 7. 발생형 문제 8. 탐색형 문제 9. 설정형 문제

❸ 문제해결에 필요한 기본적 사고

① **10 ▮▮▮▮▮▮▮**

현재 당면하고 있는 문제와 해결방법에만 집착하지 말고, 그 문제와 해결방안이 상위 시스템과 어떻게 연결되어 있는지를 생각하는 것이 필요하다.

② **11 ▮▮▮▮▮▮▮**

전체를 각각의 요소로 나누어 그 요소의 의미를 도출한 다음 우선순위를 부여하고 구체적인 문제해결방법을 실행하는 것이 요구된다.

종류	요구되는 사고
[12] 지향의 문제	기대하는 결과를 명시하고 효과적으로 달성하는 방법을 사전에 구상하고 실행에 옮길 것
[13] 지향의 문제	현상 및 원인분석 전에 지식과 경험을 바탕으로 일의 과정이나 결과·결론을 가정한 다음 검증 후 사실일 경우 다음 단계의 일을 수행할 것
[14] 지향의 문제	일상 업무에서 일어나는 상식·편견을 타파하여 객관적 사실로부터 사고와 행동을 시작할 것

③ **15 ▮▮▮▮▮**

기존에 가지고 있는 사물과 세상을 바라보는 인식의 틀을 전환하여 새로운 관점에서 바로 보는 사고를 지향하는 것이 필요하다.

④ **16 ▮▮▮▮▮▮▮**

기술, 재료, 방법, 사람 등 필요한 자원 확보 계획을 수립하고 내·외부자원을 효과적으로 활용하도록 해야 한다.

정답   10. 전략적 사고   11. 분석적 사고   12. 성과   13. 가설   14. 사실   15. 발상의 전환
      16. 내·외부자원의 효과적 활용

4 제3자를 통한 문제해결

종류	내용
17	• 대부분의 기업에서 볼 수 있는 전형적인 스타일 • 조직 구성원들이 같은 문화적 토양을 가짐 • 직접적인 표현보다는 암시를 통한 의사전달 • 결론이 애매하게 산출되는 경우가 적지 않음 • 제3자 : 결론을 미리 그려 가면서 권위나 공감에 의지함
18	• 조직 구성원들이 상이한 문화적 토양을 가짐 • 직설적인 주장을 통한 논쟁과 협상 • 논리, 즉 사실과 원칙에 근거한 토론 • 이론적으로는 가장 합리적인 방법 • 창조적인 아이디어나 높은 만족감을 이끌어내기 어려움 • 제3자 : 지도와 설득을 통해 전원이 합의하는 일치점 추구
19	• 그룹의 지향점을 알려주고, 공감을 이룰 수 있도록 도와주는 것 • 창조적인 해결방안 도출, 구성원의 동기와 팀워크 강화 • 퍼실리테이터의 줄거리대로 결론이 도출되어서는 안 됨 • 제3자 : 깊이 있는 커뮤니케이션을 통해 창조적인 문제해결 도모

03

Point   20   와/과   21

• 20
서로의 생각을 주장하고, 논쟁이나 협상을 통해 서로의 의견을 조정해 가는 문제해결방법
이다.

• 21
깊이 있는 커뮤니케이션을 통해 서로의 문제점을 이해하고 공감함으로써 창조적으로 문
제를 해결하는 방법이다.

정답   17. 소프트 어프로치   18. 하드 어프로치   19. 퍼실리테이션   20. 하드 어프로치
21. 퍼실리테이션

1. 문제란 업무를 수행함에 있어서 해결하기를 원하지만 실제로 해결해야 하는 방법을 모르거나 해답을 얻는 데 필요한 일련의 행동을 알지 못한 상태를 말한다.

2. 문제는 조직이 가지고 있어야 할 모습과 바람직한 상태·기대되는 결과인 목표와 현재의 모습 및 예상되는 상태인 현상과의 차이를 말하며, 이러한 문제가 무엇인지 알면 문제의 반은 풀린 것과 같다.

3. 문제는 발생형 문제, 탐색형 문제, 설정형 문제의 세 가지 유형으로 분류할 수 있다. 발생형 문제는 우리가 바로 직면하여 걱정하고 해결하기 위해 고민하는 '이미 일어난 문제', 탐색형 문제는 현재의 상황을 개선하거나 효율을 높이기 위한 '더 잘해야 할 문제', 설정형 문제는 미래 상황에 대응하는 경영 전략의 문제로 '앞으로 어떻게 할 것인지에 대한 문제'를 말한다.

4. 문제해결이란 목표와 현상을 분석하고, 이 분석 결과를 토대로 과제를 도출하여 최적의 해결책을 찾아 실행·평가해 가는 활동을 의미한다.

5. 문제해결을 위해서는 체계적인 교육훈련, 문제해결방법에 대한 다양한 지식, 문제 관련 지식에 대한 가용성, 문제해결자의 도전의식과 끈기, 문제에 대한 체계적인 접근이 필요하다. 또한 전략적 사고와 분석적 사고, 발상의 전환, 내·외부자원의 활용 네 가지 기본적 사고를 갖추어야 한다.

6. 문제해결의 장애요소로는 문제를 철저하게 분석하지 않는 경우, 고정관념에 얽매이는 경우, 쉽게 떠오르는 단순한 정보에 의지하는 경우, 너무 많은 자료를 수집하려고 노력하는 경우 등이 있다.

[02] 사고력

1 　1 　　　와/과 　2

① 1 　　　(이)란?

당면한 문제를 해결하기 위해 경험적 지식을 해체하여 새로운 아이디어를 다시 도출하는 것으로, 개인이 가지고 있는 경험과 지식을 통해 참신한 아이디어를 산출하는 힘이다.

② 1 　　　의 특징

- 발전적(확산적) 사고
- 새롭고 유용한 아이디어를 생산해 내는 정신적인 과정
- 기발하거나 신기하며 독창적인 것
- 유용하고 적절하며, 가치가 있는 것
- 기존의 정보를 새롭게 조합시킨 것

③ 2 　　　

미국의 알렉스 오즈번이 고안한 그룹발산기법으로, 창의적인 사고를 위한 발산방법 중 가장 흔히 사용되는 방법이다. 집단의 효과를 살려서 아이디어의 연쇄반응을 일으켜 자유분방한 아이디어를 내고자 하는 것이다.

④ 2 　　　진행 방법

- 주제를 3 　　　(이)고 4 　　　하게 정한다.
- 구성원의 얼굴을 볼 수 있는 좌석 배치와 큰 용지를 준비한다.
- 구성원들의 다양한 의견을 도출할 수 있는 사람을 리더로 선출한다.
- 구성원은 다양한 분야의 사람들로 5 ~ 8명 정도로 구성한다.
- 발언은 누구나 자유롭게 할 수 있도록 하며, 모든 발언 내용을 기록한다.
- 아이디어에 대해 5 　　　해서는 안 된다.

정답　1. 창의적 사고　2. 브레인스토밍　3. 구체적　4. 명확　5. 비판

2 창의적 사고의 개발 방법

① 6 _____ – 생각나는 대로 자유롭게 발상 – 7 _____

② 8 _____ – 각종 힌트와 강제적으로 연결 지어서 발상 – 9 _____

③ 10 _____ – 주제의 본질과 닮은 것을 힌트로 발상 – 11 _____ , 12 _____

정답 6. 자유 연상법 7. 브레인스토밍 8. 강제 연상법 9. 체크리스트 10. 비교 발상법
11. NM법 12. Synectics

3️⃣ 13   의 의의

① 13   (이)란?

- 사고의 전개에 있어서 전후의 관계가 일치하고 있는가를 살피고, 아이디어를 평가하는 능력을 말한다.
- 업무 수행 중에 자신이 만든 계획이나 주장을 주위 사람에게 이해시켜 실현시키기 위해서는 체계적인 설득 과정을 거쳐야 하는데, 이때 필요로 하는 것이 논리적 사고이다.

② 13   의 5요소

14	일상적인 대화, 회사의 문서, 신문의 사설 등 접하는 모든 것들에 대해서 늘 생각하는 것
15	다른 사람을 설득하는 과정에서 상대의 논리를 구조화하여 논리의 약점을 찾고, 자신의 생각을 재구축하는 것
16	상대가 말하는 것을 잘 알 수 없을 경우에는 구체적인 이미지를 떠올리거나 숫자를 활용하여 표현하는 등 다양한 방법을 활용하여 생각하는 것
17	상대의 주장에 반론할 경우에는 상대 주장 전부를 부정하지 않고, 동시에 상대의 인격을 존중하는 것
18	논리적 사고는 고정된 견해나 자신의 사상을 강요하는 것이 아닌 나의 주장을 다른 사람에게 이해시켜 공감시키고 그 사람이 내가 원하는 행동을 하게 만드는 것

03

정답 13. 논리적 사고 14. 생각하는 습관 15. 상대 논리의 구조화 16. 구체적인 생각
17. 타인에 대한 이해 18. 설득

4 논리적 사고를 개발하기 위한 방법

① 19   기법

보조 메시지를 통해 주요 메인 메시지를 얻고, 다시 메인 메시지를 종합한 최종적인 정보를 도출해 내는 방법이다.

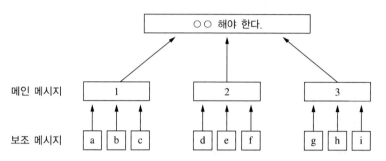

② 20   기법

"그래서 무엇이지?"라고 자문자답하는 의미로, 눈앞에 있는 정보로부터 의미를 찾아내어 가치 있는 정보를 이끌어 내는 사고이다. "20   ?"은 단어나 체언만으로 표현하는 것이 아니라 주어와 술어가 있는 글로 표현함으로써 "어떻게 될 것인가?", "어떻게 해야 한다."라는 내용이 포함되어야 한다.

정답   19. 피라미드   20. So What

5 논리적 오류와 비판적 사고

① 논리적 오류의 종류

- 권위나 인신공격에 의존한 논증
  상대방의 주장이 아니라 상대방의 인격을 공격
- 21 ▨▨▨▨▨▨
  상대방의 주장과는 전혀 상관없는 별개의 논리를 만들어 공격
- 22 ▨▨▨▨▨▨
  그럴 듯해 보이지만 증명되지 않은 주장(신의 존재 유무 등 증명할 수 없거나 증명이 어려운 분야에서 자주 등장)
- 23 ▨▨▨▨▨▨
  하나의 사례에는 오류가 없지만 여러 사례를 잘못 결합하여 오류가 발생, 논리적 주장을 확대하거나 쪼개서 적용할 경우 흔히 발생
- 24 ▨▨▨▨▨▨
  몇몇 사례를 일반화하여 발생
- 복합 질문의 오류
  "또다시 이런 죄를 지을 것인가?"와 같은 질문의 경우 "예", "아니오" 중 어떤 답변을 해도 이미 죄를 지었다는 것을 인정하게 됨
- 25 ▨▨▨▨▨▨
  문맥을 무시하고 과도하게 문구에만 집착하여 발생하는 오류
- 26 ▨▨▨▨▨▨
  삼단 논법을 잘못 적용하여 발생하는 결과의 오류

② 비판적 사고에 필요한 요소

종류	내용
문제의식	문제의식을 가지고 있다면 주변의 사소한 일에서도 정보를 수집할 수 있으며, 이러한 정보를 통해서 새로운 아이디어를 끊임없이 생산해 낼 수 있다.
고정관념의 타파	고정관념은 사물을 보는 시각에 영향을 주며, 일방적인 평가를 내리기 쉽게 한다. 따라서 지각의 폭을 넓히기 위해 고정관념을 타파해야 한다.

정답 21. 허수아비 공격의 오류 22. 무지의 오류 23. 결합·분할의 오류
24. 성급한 일반화의 오류 25. 과대 해석의 오류 26. 연역법의 오류

1. 창의적 사고란 당면한 문제를 해결하기 위해 이미 알고 있는 경험지식을 해체하여 새로운 아이디어를 다시 도출하는 것으로, 개인이 가지고 있는 경험과 지식을 통해 새로운 가치 있는 아이디어로 다시 결합함으로써 참신한 아이디어를 산출하는 사고능력을 의미한다.

2. 창의적인 사고를 위해서는 발산적 사고가 요구되며, 이러한 발산적 사고를 개발하기 위한 방법으로는 자유 연상법, 강제 연상법, 비교 발상법이 있다.

3. 문제해결을 위해서는 창의적 사고 이외에도 논리적 사고와 비판적 사고가 필요하다. 논리적 사고란 사고를 전개할 때 전후 관계가 일치하고 있는가를 살피고, 아이디어를 평가하는 사고능력을 의미하며, 이를 개발하기 위한 대표적인 방법으로는 피라미드 기법과 So What 기법 등이 있다.

4. 비판적 사고란 어떤 논증·추론·증거·가치를 표현한 사례를 타당한 것으로 수용할 것인가 아니면 불합리한 것으로 거절할 것인가에 대한 결정을 내릴 때 요구되는 사고능력이다.

5. 비판적 사고를 개발하기 위해서는 어떤 현상에 대해서 문제의식을 바탕으로 하여야 하며, 고정관념을 버려야 한다.

[03] 문제처리능력

❶ 문제 인식

① 1   (3C 분석)

사업환경을 구성하고 있는 요소인 4   , 5   , 6   을/를 3C라고 하며, 3C에 대한 체계적인 분석을 통해서 환경 분석을 수행할 수 있다.

② 2

과제안을 작성할 때는 과제들 간의 수준은 동일한지, 표현은 구체적인지, 주어진 기간 내에 해결 가능한 안인지를 확인해야 한다.

③ 3

과제안 중 효과 및 실행 가능성 측면을 평가하여 우선순위를 부여한 후 우선순위가 높은 안을 선정하며, 우선순위 평가 시에는 과제의 목표, 자원현황 등을 종합적으로 고려하여 평가한다.

정답 1. 환경 분석 2. 주요 과제 도출 3. 과제 선정 4. 자사 5. 경쟁사 6. 고객

② SWOT 분석

① SWOT 분석의 의의

기업내부의 강점, 약점과 외부환경의 기회, 위협요인을 분석·평가하며 이들을 서로 연관 지어 전략을 개발하고 문제해결방안을 개발하는 방법이다.

② SWOT 분석의 흐름

내부환경요인

	7	8
9	**SO** 내부강점과 외부기회 요인을 극대화	**WO** 외부기회를 이용하여 내부약점을 강점으로 전환
10	**ST** 외부위협을 최소화하기 위해 내부 강점을 극대화	**WT** 내부약점과 외부위협을 최소화

외부환경요인

③ SWOT 전략 수립 방법

내부의 강점과 약점을, 외부의 기회와 위협과 대응시켜 기업 목표 달성을 위한 SWOT 분석을 바탕으로 구축한 발전전략의 특성은 다음과 같다.

구분	내용
11	외부환경의 기회를 활용하기 위해 강점을 사용하는 전략 선택
12	외부환경의 위협을 회피하기 위해 강점을 사용하는 전략 선택
13	자신의 약점을 극복함으로써 외부환경의 기회를 활용하는 전략 선택
14	외부환경의 위협을 회피하고 자신의 약점을 최소화하는 전략 선택

정답　7. 강점(Strengths)　8. 약점(Weaknesses)　9. 기회(Opportunities)　10. 위협(Threats)
　　　11. SO전략　12. ST전략　13. WO전략　14. WT전략

④ SWOT 분석의 구체적인 방법

종류	내용
외부환경 분석	• 좋은 쪽으로 작용하는 것은 기회, 나쁜 쪽은 위협으로 분류 • 언론매체, 개인 정보망 등을 통하여 입수한 상식적인 세상의 변화 내용을 시작으로 당사자에게 미치는 영향을 순서대로 점차 구체화 • 인과관계가 있는 경우 화살표로 연결 • 동일한 데이터라도 자신에게 긍정적으로 전개되면 기회로, 부정적으로 전개되면 위협으로 구분 • 외부환경 분석에는 <u>15 </u> 을/를 활용 Social(사회), Competition(경쟁), Economic(경제), Politic(정치), Technology(기술), Information(정보), Client(고객)
내부환경 분석	• 경쟁자와 비교하여 나의 강점과 약점을 분석 • 강점과 약점의 내용 : 보유하거나 동원 가능하거나 활용 가능한 자원 • 내부환경 분석에는 <u>16 </u> 을/를 활용 Man(사람), Material(물자), Money(돈), Information(정보), Time(시간), Image(이미지)

03

⑤ SWOT 분석의 예시

〈분식점에 대한 SWOT 분석 결과〉

17	18
• 좋은 품질의 재료만 사용 • 청결하고 차별화된 이미지	• 타 분식점에 비해 한정된 메뉴 • 배달서비스를 제공하지 않음
19	20
• 분식점 앞에 곧 학교가 들어설 예정 • 최근 TV프로그램 섭외 요청을 받음	• 프랜차이즈 분식점들로 포화상태 • 상대적으로 저렴한 길거리 음식으로 취급하는 경향이 있음

3 문제 도출

① 세부 절차

절차	21	22
내용	문제를 작고, 다룰 수 있는 이슈들로 세분화	문제에 영향력이 큰 이슈를 핵심이슈로 선정

② 21

㉠ 전체 문제를 개별화된 세부 문제로 쪼개는 과정으로, 문제의 내용 및 미치고 있는 영향 등을 파악하여 문제의 구조를 도출해내는 것이다. 이를 위해서는 문제가 발생한 배경이나 문제를 일으키는 원인을 분명히 해야 하며, 문제의 본질을 다면적으로 보아야 한다.

㉡ 23 방법

주요 과제를 나무 모양으로 분해·정리하는 기술로, 제한된 시간 동안 문제의 원인을 깊이 파고든다든지 해결책을 구체화할 때 유용하게 사용된다. 이를 위해서는 전체 과제를 명확히 해야 하며, 분해하는 가지의 수준을 맞춰야 하고, 원인이 중복되거나 누락되지 않고 각각의 합이 전체를 포함해야 한다.

③ 22

영향력이 큰 이슈를 핵심이슈로 선정한다.

정답 21. 문제 구조 파악 22. 핵심 문제 선정 23. Logic Tree

4 원인 분석

① 세부 절차

절차	24	25	26
내용	• 핵심이슈 설정 • 가설 설정 • Output 이미지 결정	• Data 수집계획 수립 • Data 정리 / 가공 • Data 해석	• 근본원인 파악 • 원인과 결과 도출

② 24

절차	내용
27	업무에 가장 크게 영향을 미치는 문제로 선정하며, 사내·외 고객 인터뷰 등을 활용
28	이슈에 대해 자신의 직관, 경험 등에 의존하여 일시적인 결론을 예측하는 것이며, 설정된 가설은 관련자료 등을 통해 검증할 수 있어야 하고, 논리적이며 객관적이어야 함
29	가설검증 계획에 의거하여 분석 결과를 미리 이미지화하는 것

03

③ 25

절차	내용
30	데이터 수집 시에는 목적에 따라 수집 범위를 정하고, 전체 자료의 일부인 표본을 추출하는 전통적인 통계학적 접근과 전체 데이터를 활용한 빅데이터 분석을 구분해야 함. 이때 객관적인 사실을 수집해야 하며 자료의 출처를 명확히 밝힐 수 있어야 함
31	데이터 수집 후에는 목적에 따라 수집된 정보를 항목별로 분류·정리해야 함
32	정리된 데이터는 'What', 'Why', 'How' 측면에서 의미를 해석해야 함

정답 24. 쟁점(Issue) 분석 25. 데이터(Data) 분석 26. 원인 파악 27. 핵심이슈 설정
28. 가설 설정 29. Output 이미지 결정 30. Data 수집계획 수립 31. Data 정리 / 가공
32. Data 해석

④ 33

절차	내용
34	원인과 결과를 분명하게 구분할 수 있는 경우로, 날씨가 더울 때 아이스크림 판매량이 증가하는 경우가 이에 해당한다.
35	원인과 결과를 구분하기가 어려운 경우로, 브랜드의 향상이 매출 확대로 이어지고, 매출확대가 다시 브랜드의 인지도 향상으로 이어지는 경우가 이에 해당한다.
36	34 와/과 35 의 유형이 복잡하게 서로 얽혀 있는 경우로, 대부분의 문제가 이에 해당한다.

Point **원인결과 다이어그램**

문제를 세분화해 가면서 문제의 원인과 대안을 찾을 수 있는 기법이다. 기법의 구조가 생선의 머리와 뼈처럼 보이기 때문에 Fish Bone Diagram으로 알려져 있으며, 품질관리 분야에 널리 이용되고 있다.

정답 33. 원인 파악 34. 단순한 인과관계 35. 닭과 계란의 인과관계 36. 복잡한 인과관계

5 해결안 개발

① 세부 절차

절차	37	해결안 38 및 최적안 선정
내용	문제로부터 최적의 해결안을 도출하고, 아이디어를 명확화	최적안 선정을 위한 평가 기준을 선정하고, 우선순위 선정을 통해 최적안 선정

② 37

- 근본원인으로 열거된 내용을 어떠한 방법으로 제거할 것인지를 명확히 한다.
- 독창적이고 혁신적인 방안을 도출한다.
- 유사한 방법이나 목적을 갖는 내용을 군집화한다.
- 최종 해결안을 정리한다.

③ 해결안 38 및 최적안 선정

39   , 40   , 41   을/를 고려해서 해결안을 평가하고 가장 효과적인 해결안을 선정해야 하며, 중요도와 실현가능성 등을 고려해서 종합적인 평가를 내리고, 채택 여부를 결정하는 과정이다.

④ 해결안 개발의 예시

해결안	중요도		실현가능성			종합평가	채택여부
	고객만족도	문제해결	개발기간	개발능력	적용가능성		
해결안 1							
해결안 2							
해결안 3							
해결안 4							

6 실행 및 평가

① 세부 절차

절차	42	43	44
내용	최종 해결안을 실행하기 위한 구체적인 계획 수립	실행계획에 따른 실행 및 모니터	실행 결과에 대한 평가

② 42

세부 실행내용의 난이도를 고려하여 가급적 구체적으로 세우는 것이 좋으며, 해결안별 45 을/를 작성함으로써 실행의 목적과 과정별 진행내용을 일목요연하게 파악하도록 하는 것이 필요하다.

③ 43 및 44

㉠ 파일럿 테스트를 통해 문제점을 발견하고, 해결안을 보완한 후 대상 범위를 넓혀서 전면적으로 실시해야 한다. 그리고 실행상의 문제점 및 장애요인을 신속히 해결하기 위해서 모니터링 체제를 구축하는 것이 바람직하다.

㉡ 모니터링 시 고려 사항

> • 바람직한 상태가 달성되었는가?
> • 문제가 재발하지 않을 것을 확신할 수 있는가?
> • 사전에 목표한 기간 및 비용은 계획대로 지켜졌는가?
> • 혹시 또 다른 문제를 발생시키지 않았는가?
> • 해결책이 주는 영향은 무엇인가?

Point 　43　 및 44

- 문제의 원인을 분석하고, 해결안을 개발한 후에는 실행계획을 수립하여 실제 실행하는 과정이 필요하다.
- 실행 결과를 평가하고, 문제해결이 제대로 이루어졌는지를 확인할 수 있다.

정답 42. 실행계획 수립　43. 실행　44. 후속조치　45. 실행계획서

1. 문제해결 절차는 일반적으로 문제 인식, 문제 도출, 원인 분석, 해결안 개발, 실행 및 평가의 5단계를 거친다.

2. 문제 인식 단계는 문제해결과정 중 '무엇(What)'을 결정하는 단계로, 해결해야 할 전체 문제를 파악하여 우선순위를 정하고, 선정문제에 대한 목표를 명확히 하는 단계를 말한다.

3. 문제 도출 단계는 선정된 문제를 분석하여 해결해야 할 것이 무엇인지를 명확히 하는 단계로, 현상에 대하여 문제를 분해하여 인과관계 및 구조를 파악하는 단계를 말한다.

4. 원인 분석 단계는 파악된 핵심문제에 대한 분석을 통해 근본 원인을 도출해 내는 단계로, 쟁점(Issue) 분석, 데이터 분석, 원인 파악의 절차로 진행된다.

5. 해결안 개발 단계는 문제로부터 도출된 근본원인을 효과적으로 해결할 수 있는 최적의 해결방안을 수립하는 단계를 말한다.

6. 실행 및 평가 단계는 해결안 개발을 통해 만들어진 실행계획을 실제 상황에 적용하는 활동으로, 당초 장애가 되는 문제의 원인들을 해결안을 사용하여 제거해 나가는 단계를 말한다.

03

MEMO

PART 04
자원관리능력

[01] 자원관리능력의 의의

1 자원과 자원관리

① **자원이란?**

사전적으로는 인간생활에 도움이 되는 자연계의 일부를 말하며, 물질적 자산(물적자원), 재정적 자산(예산), 인적 자산(인적자원)으로 나누기도 한다. 최근에는 여기에 시간도 중요한 자원 중 하나로 보고 있다.

② **자원의 1**

주어진 시간은 제한되기 마련이어서 정해진 시간을 어떻게 활용하느냐가 중요하며, 예산과 물적자원 역시 제한적일 수밖에 없다. 또한 인적자원 역시 제한된 사람들을 알고 활용할 수밖에 없다. 이러한 자원의 1   (으)로 인해 자원을 효과적으로 확보·유지·활용하는 자원관리는 매우 중요하다고 할 수 있다.

③ **자원낭비의 요인**

종류	내용
2	계획 없이 충동적이고 즉흥적으로 행동하여 자신이 활용할 수 있는 자원들을 낭비하게 되는 것
3	자원을 활용하는 데 있어서 너무 편한 방향으로만 활용하는 것
4	자신이 가지고 있는 중요한 자원을 인식하지 못하는 것
5	자원관리의 중요성을 인식하면서도 효과적인 방법을 활용할 줄 모르는 것

정답 1. 유한성 2. 비계획적 행동 3. 편리성 추구 4. 자원에 대한 인식 부재 5. 노하우 부족

2 자원관리의 과정

① 6

업무를 추진하는 데 있어서 어떤 자원이 필요하며, 또 얼마만큼 필요한지를 파악하는 단계이다. 구체적으로 어떤 활동을 할 것이며, 이 활동에 어느 정도의 시간, 돈, 물적·인적자원이 필요한지를 파악한다.

② 이용 가능한 자원 수집하기

실제 준비나 활동을 하는 데 있어서 계획과 차이를 보이는 경우가 빈번하기 때문에 여유 있게 확보하는 것이 안전하다.

③ 7

자원을 실제 필요한 업무에 할당하여 계획을 세워야 하며, 목적을 이루는 데 핵심이 되는 것에 우선순위를 두고 계획을 세울 필요가 있다.

④ 계획대로 수행하기

업무 추진의 단계로, 계획에 맞게 업무를 수행해야 하는 단계이다. 최대한 계획대로 수행하는 것이 바람직하며, 불가피하게 수정해야 하는 경우에는 전체 계획에 미칠 수 있는 영향을 고려해야 한다.

정답   6. 필요한 자원의 종류와 양 확인하기   7. 자원 활용 계획 세우기

1. 업무를 수행하면서 많은 자원을 활용하게 되는데, 이러한 자원의 종류에는 크게 시간, 예산, 물적자원, 인적자원이 있다.

2. 자원을 효과적으로 관리해야 하는 이유는 자원이 무한정 있는 것이 아니라 제한적으로 존재하기 때문이며, 이를 자원의 유한성이라고 한다.

3. 자원관리능력인 시간관리능력, 예산관리능력, 물적자원관리능력, 인적자원관리능력은 매우 중요하며, 이 능력은 업무 성과에 영향을 미칠 수 있다.

4. 일반적으로 자원을 낭비하게 되는 요인은 비계획적 행동, 편리성 추구, 자원에 대한 인식 부재, 노하우 부족의 네 가지 형태로 나타난다.

5. 자원을 적절하게 관리하기 위해서는 가장 먼저 ❶ 필요한 자원의 종류와 양 확인하기, ❷ 이용 가능한 자원 수집하기, ❸ 자원 활용 계획 세우기, ❹ 계획대로 수행하기의 과정을 거쳐야 한다.

6. 필요한 자원의 종류와 양을 확인할 때는 구체적으로 파악하는 것이 중요하며, 자원을 수집할 때는 여유 있게 수집하는 것이 바람직하다. 또한 자원 활용 계획을 세우는 데 있어 업무의 우선순위를 고려해야 할 것이며, 되도록 계획에 맞춰 수행하는 것이 바람직하다.

[02] 시간자원관리능력

1 시간자원관리능력의 의의

① 시간의 특성

- 시간은 똑같은 속도로 흐른다.
- 시간의 흐름은 멈추게 할 수 없다.
- 시간은 빌리거나 저축할 수 없다.
- 시간은 어떻게 사용하느냐에 따라 가치가 달라진다.
- 시간은 시기에 따라 밀도・가치가 다르다.

② 시간자원관리의 효과

※ '가격 인상'은 기업의 입장에서 일을 수행할 때 소요되는 시간을 단축함으로써 비용이 절감되고, 상대적으로 이익이 늘어남으로써 사실상 '가격 인상' 효과가 있다는 의미이다.

정답 1. 시간 단축 2. 생산성 향상 3. 위험 감소 4. 시장 점유율 증가

2 시간낭비

① 시간낭비의 요인

- 목적이 5   하다.
- 하루의 계획이 구체적이지 않다.
- 팀워크가 부족하다.
- 예정 외의 방문자가 많다.
- 6   하거나 7   된 정보가 많다.
- 일을 끝내지 않고 남겨둔다.
- 회의 시간이 8   .
- 통지 문서가 많다.
- 권한 위임을 충분히 하지 않는다.
- 우선순위가 9   일을 한다.
- 장래의 일에 도움이 되지 않는 일을 한다.
- 파일링 시스템이 부적당하다.
- 일에 대한 의욕이 없다.
- 'No'라고 말하지 못한다.
- 메모 회람이 많다.

- 모든 것에 대해 사실을 알고 싶어 한다.
- 초조하고 성질이 급하다.
- 권한을 위임한 업무에 대해 관리가 부족하다.
- 여러 가지 일을 한 번에 많이 다룬다.
- 서류 정리를 하다가 서류를 숙독한다.
- 메모 등을 찾는 시간이 오래 걸리는 편이다.
- 일을 느긋하게 처리하는 경향이 있다.
- 기다리는 시간이 많다.
- 책상 위가 항상 번잡하다.
- 전화를 너무 많이 한다.
- 극기심이 결여되어 있다.
- 주의가 산만하다.
- 회의에 대한 준비가 불충분하다.
- 잡담이 많다.

② 시간관리에 대한 오해

시간관리는 상식에 불과하다.
나는 회사에서 일을 잘하고 있기 때문에 시간관리도 잘한다고 말할 수 있다.

나는 시간에 쫓기면 일을 더 잘하는데, 시간을 관리하면 오히려 나의 이런 강점이 없어질지도 모른다.

시간관리에 대한 오해

나는 약속을 표시해 둔 달력과 해야 할 일에 대한 목록만으로 충분하다.

시간관리 자체는 유용할지 모르나, 창의적인 일을 하는 나에게는 잘 맞지 않는다. 나는 일상적인 업무에 얽매이는 것이 싫다.

정답 5. 불명확 6. 불완전 7. 지연 8. 길다 9. 없이

③ 시간계획

① 시간계획의 의의

시간이라고 하는 자원을 최대한 활용하기 위하여 가장 많이 반복되는 일에 가장 많은 시간을 분배하고, 최단시간에 최선의 목표를 달성하는 것을 의미한다.

② 시간계획 작성의 순서

ㄱ 명확한 목표 설정

ㄴ 일의 우선순위 판단(Stenphen R. Covey)

10	결과와 연관되는 사명과 가치관, 목표에 기여하는 정도
11	즉각적인 처리가 요구되고 눈앞에 보이며, 심리적으로 압박감을 주는 정도

	12	13
14	**Ⅰ 긴급하면서 중요한 일** • 위기상황 • 급박한 문제 • 기간이 정해진 프로젝트	**Ⅱ 긴급하지 않지만 중요한 일** • 예방 생산 능력 활동 • 인간관계 구축 • 새로운 기회 발굴 • 중장기 계획, 오락
15	**Ⅲ 긴급하지만 중요하지 않은 일** • 잠깐의 급한 질문 • 일부 보고서 및 회의 • 눈앞의 급박한 상황 • 인기 있는 활동	**Ⅳ 긴급하지 않고 중요하지 않은 일** • 바쁜 일, 하찮은 일 • 우편물, 전화 • 시간낭비거리 • 즐거운 활동

ㄷ 예상 소요시간 결정

모든 일마다 자세한 계산을 할 필요는 없으나, 규모가 크거나 힘든 일의 경우에는 정확한 소요 시간을 계산하여 결정하는 것이 효과적이다.

ㄹ 16　　　　 작성

해야 할 일의 우선순위와 소요 시간을 바탕으로 작성하며 간단한 서식, 일정관리 소프트웨어 등 다양한 도구를 활용할 수 있다.

정답 10. 중요성　11. 긴급성　12. 긴급함　13. 긴급하지 않음　14. 중요함　15. 중요하지 않음
　　　16. 시간 계획서

③ 시간계획 시 고려요소

종류	내용
행동과 시간 / 저해요인의 분석	어디에서 어떻게 시간을 사용하고 있는가를 점검
일과 행동의 [17]	해당 기간에 예정된 행동을 모두 17
규칙성 – 일관성	시간계획을 정기적 체계적으로 체크하여 일관성 있게 일을 마칠 수 있게 해야 함
현실적인 계획	무리한 계획을 세우지 않도록 해야 하며, 실현가능한 것만을 계획해야 함
유연성	머리를 유연하게 하여야 함. 시간계획은 그 자체가 중요한 것이 아니고, 목표달성을 위해 필요한 것
시간의 손실	발생된 시간 손실은 가능한 한 즉시 메워야 함. 밤을 세우더라도 미루지 않는 자세가 중요함
[18]	체크리스트나 스케줄표를 활용하여 계획을 반드시 18 하여 전체 상황을 파악할 수 있게 하여야 함
미완료된 일	꼭 해야만 할 일을 끝내지 못했을 경우, 차기 계획에 반영함
[19]	예정 행동만을 계획하는 것이 아니라 기대되는 19 (이)나 행동의 목표도 기록
시간 프레임	적절한 시간 프레임을 설정하고 특정의 일을 하는 데 소요되는 꼭 필요한 시간만을 계획에 삽입할 것
[20]	여러 일 중에서 어느 일을 가장 우선적으로 처리해야 할 것인가를 결정하여야 함
권한위양	기업의 규모가 커질수록 그 업무활동은 점점 복잡해져서 관리자가 모든 것을 다스리기가 어려우므로 사무를 위임하고 책임을 지움
시간의 낭비요인	예상 못한 방문객 접대·전화 등의 사건으로 예정된 시간이 부족할 경우를 대비하여 여유 시간 확보
[21] 시간	자유롭게 된 시간(이동시간 또는 기다리는 시간)도 계획에 삽입하여 활용할 것
[22] 시간	중요한 일에는 좀 더 시간을 할애하고 중요도가 낮은 일에는 시간을 단축시켜 전체적인 계획을 정리
시간 계획의 조정	자기 외 다른 사람(비서·부하·상사)의 시간 계획을 감안하여 계획수립

정답 17. 목록화 18. 기록 19. 성과 20. 우선순위 21. 여유 22. 정리

1. 시간은 똑같이 주어지지만, 그것을 어떻게 활용하느냐에 따라서 가치가 달라진다. 또한 시간은 멈추거나 저축할 수 없다.

2. 기업의 입장에서는 작업 소요 시간을 절약함으로써 생산성 향상, 가격 인상, 위험 감소, 시장 점유율 증가 효과를 볼 수 있다.

3. 시간관리를 해야 하는 진정한 이유는 시간의 통제가 아니라 시간을 제대로 활용함으로써 삶이나 업무의 여러 가지 문제를 개선하는 데 있다. 그중 가장 대표적인 것으로 스트레스 관리, 균형적인 삶, 생산성 향상, 목표성취를 들 수 있다.

4. 시간을 낭비하게 하는 요인들은 곳곳에 산재해 있다. 특히 직장에서는 팀워크 및 커뮤니케이션 부족, 권한 위임의 부족 등 다양한 요소에 의해 시간을 낭비하게 된다. 이와 더불어 사람들의 잘못된 인식도 시간 낭비에 매우 크게 작용한다.

5. 자신의 시간 자원을 최대한 활용하기 위하여 ❶ 가장 많이 반복되는 일에 가장 많은 시간을 분배하고, ❷ 최단시간에 최선의 목표를 달성하는 것을 시간계획이라 한다.

6. 시간계획을 적절하게 세우기 위해서 지켜야 하는 가장 기본적인 것은 60 : 40의 법칙을 지키는 것이다. 이는 계획된 행동에 60%, 비계획된 행동에 40%(계획 외 행동 20%, 자발적 행동 20%)를 할애하는 것을 의미한다.

7. 효과적인 시간계획을 위해 알아야 하는 사항에는 행동과 시간 / 저해요인의 분석, 일과 행동의 목록화, 규칙성 - 일관성, 현실적인 계획, 유연성(Flexibility), 시간의 손실, 기록, 미완료의 일, 성과, 시간 프레임(Time Frame), 우선순위, 권한 위양, 시간의 낭비요인, 여유 시간, 정리 시간, 시간 계획의 조정 등이 있다.

04

1 예산자원관리능력의 의의

① 1 ▨▨▨▨ (이)란?

필요한 비용을 미리 헤아려 계산하는 것 또는 그 비용을 의미한다.

② 예산자원관리

아무리 예산을 정확하게 수립하였다 하더라도 활동이나 사업을 진행하는 과정에서 계획에 따라 적절히 관리하지 않으면 아무런 효과가 없다. 따라서 활동이나 사업에 소요되는 비용을 산정하고, 예산을 편성하는 것뿐만 아니라 예산을 통제하는 과정이 필요하며, 이 과정을 예산자원관리라 한다.

③ 예산자원관리의 필요성

예산자원관리란 이용 가능한 예산을 확인하고, 어떻게 사용할 것인지 계획하여 그 계획대로 사용하는 능력을 의미하며, 최소의 비용으로 최대의 효과를 얻기 위해 요구된다.

④ 예산책정의 원칙

---

2 예산의 구성요소

① 5⬚

간접비용에 상대되는 용어로, 제품 생산 또는 서비스를 창출하기 위해 직접 소비된 것으로 여겨지는 비용을 말한다.

② 5⬚ 의 구성

종류	내용
6⬚	제품의 제조를 위하여 구매된 재료에 지출된 비용
7⬚ 와/과 8⬚	제품을 제조하는 과정에서 소모된 원료나 과제를 수행하기 위해 필요한 장비에 지출된 비용. 이 비용에는 실제 구매·임대한 비용이 모두 포함
9⬚	제품을 효과적으로 제조하기 위한 목적으로 건설되거나 구매된 시설에 지출한 비용
10⬚	제품 생산 또는 서비스를 창출하기 위해 출장이나 타 지역으로의 이동이 필요한 경우와 기타 과제 수행에서 발생하는 다양한 비용을 포함
11⬚	제품 생산 또는 서비스 창출을 위한 업무를 수행하는 사람들에게 지급되는 비용. 계약에 의해 고용된 외부 인력에 대한 비용도 포함

③ 12⬚

제품을 생산하거나 서비스를 창출하기 위해 소비된 비용 중에서 직접비용을 제외한 비용으로, 제품 생산에 직접 관련되지 않은 비용을 말한다.

예 보험료, 건물관리비, 광고비, 통신비, 사무비품비, 각종 공과금 등

> **Point** 5⬚ 와/과 12⬚
>
> • 5⬚ : 컴퓨터 구입비, 빔 프로젝터 대여료, 인건비, 출장 교통비, 건물 임대료 등
> • 12⬚ : 보험료, 건물관리비, 광고비, 통신비 등

정답 5. 직접비용 6. 재료비 7. 원료 8. 장비 9. 시설비 10. 여행(출장)경비 및 잡비
11. 인건비 12. 간접비용

3 예산수립과 예산집행

① 예산수립절차

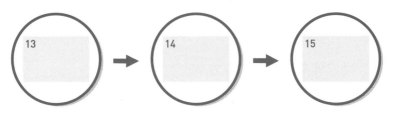

② 13   : 16

과제 및 활동의 계획을 수립하는 데 있어서 가장 기본적인 수단으로 활용되는 그래 프로, 필요한 모든 일들을 중요한 범주에 따라 체계화시켜 구분해 놓은 것을 말한 다. 다음은 생일파티를 진행하기 위한 16   의 예이다.

정답 13. 필요한 과업 및 활동 규명 14. 우선순위 결정 15. 예산 배정 16. 과업세부도

③ **17**

과제를 핵심적인 활동과 부수적인 활동으로 구분한 후 핵심활동 위주로 예산을 편성한다.

④ **예산 18**

> - 과업세부도와 예산을 서로 연결하여 배정할 경우 어떤 항목에 얼마만큼의 비용이 소요되는지를 정확하게 파악할 수 있다.
> - 과제 수행에 필요한 예산 항목을 빠뜨리지 않고 확인할 수 있으며, 전체 예산을 정확하게 분배할 수 있다.
> - 큰 단위의 예산을 수립하고자 할 때에는 해당 기관의 규정을 잘 확인해야 한다.

⑤ **예산 19**

효과적으로 예산을 관리하기 위해서는 예산 **19** 과정에 대한 관리가 중요하다. 개인 차원에서는 가계부 등을 작성함으로써 관리할 수 있으며, 프로젝트나 과제와 같은 경우는 예산 집행 실적 워크시트를 작성함으로써 효과적인 예산관리를 할 수 있다.

⑥ **예산 집행 실적 워크시트**

예산 집행 실적						
항목	배정액	당월 실적	누적 실적	잔액	사용률(%)	비고
합계						

정답 17. 우선순위 결정 18. 배정 19. 집행

1. 예산은 필요한 비용을 미리 헤아려 계산하는 것 또는 그 비용을 의미한다. 하지만 대부분 하나의 사업이나 활동에 정해진 예산 범위가 있으며, 예산계획을 잘 세우고 적절히 관리하는 것은 매우 중요하다.

2. 기업에서 개발 사업에 대한 예산을 책정할 때 개발 책정 비용을 실제보다 높게 책정하면 경쟁력을 잃어버리게 되고, 반대로 낮게 책정하면 개발 자체가 이익을 주는 것이 아니라 오히려 적자가 나는 경우가 발생할 수 있다. 따라서 실제비용과 가장 비슷하게 책정하는 것이 바람직하다.

3. 예산관리는 활동이나 사업에 소요되는 비용을 산정하고 예산을 편성하는 것뿐만 아니라 예산을 통제하는 것을 모두 포함하는 과정이라고 할 수 있다.

4. 비용은 일반적으로 직접비용과 간접비용으로 구분된다. 직접비용은 제품 또는 서비스를 창출하기 위해 직접 소요되는 비용으로, 재료비, 원료와 장비, 시설비, 여행(출장) 및 잡비, 인건비 등을 포함한다. 간접비용은 생산에 직접 관련되지 않는 비용으로, 보험료, 건물관리비, 광고비, 통신비 등을 포함한다.

5. 효과적으로 예산을 수립하기 위해서는 ❶ 필요한 과업 및 활동 규명, ❷ 우선순위 결정, ❸ 예산 배정의 단계를 거쳐야 한다. 또한 과업세부도를 활용하여 과업을 구명하고 예산을 비교함으로써 효과적으로 예산을 수립할 수 있다.

6. 효과적으로 예산을 관리하기 위해서는 예산 집행 과정에 대한 관리가 중요하다. 개인 차원에서는 가계부 등을 작성해 관리할 수 있으며, 프로젝트나 과제와 같은 경우 예산 집행 실적을 워크시트로 작성하면 효과적인 예산관리가 될 수 있다.

[04] 물적자원관리능력

1 물적자원관리의 의의

① 물적자원의 종류

1	석탄 · 석유 등 자연상태 그대로의 자원
2	시설 · 장비 등 인위적으로 가공한 자원

② 물적자원관리의 중요성

물적자원을 효과적으로 관리하면 경쟁력 향상과 더불어 과제 및 사업의 성공이 가능하지만, 이를 효과적으로 관리하지 않으면 경제적 손실과 더불어 과제 및 사업의 실패를 낳을 수 있다.

③ 물적자원 활용의 방해요인

- 보관 장소를 파악하지 못하는 경우
- 훼손된 경우
- 분실한 경우
- 분명한 목적 없이 물건을 구입한 경우

정답 1. 자연자원 2. 인공자원 3. 경쟁력 향상 4. 과제 및 사업의 성공 5. 경제적 손실
6. 과제 및 사업의 실패

2 물적자원관리 과정과 기법

① 물적자원관리의 과정

| 7 _____ 및 8 _____ 의 구분 | • 물품활용의 편리성
• 반복 작업 방지 |

⬇

| 9 _____ 및 10 _____ 의 분류 | • 동일성의 원칙
• 유사성의 원칙 |

⬇

| 물품 11 ___ 에 맞는 보관 장소 선정 | • 물품의 형상
• 물품의 소재 |

② | 12 ____ | 와/과 | 13 ____ |

12	• 컴퓨터가 쉽게 판독하고 데이터를 빠르게 입력하기 위하여 굵기가 다른 검은 막대와 하얀 막대를 조합시켜 문자나 숫자를 코드화한 것
13	• 격자무늬 패턴으로 정보를 나타내는 매트릭스 형식의 바코드 • 바코드가 용량 제한에 따라 가격과 상품명 등 한정된 정보만 담는 데 비해, QR코드는 넉넉한 용량을 강점으로 다양한 정보를 담을 수 있음

> **Point** 전자태그(RFID) 물품관리 시스템
>
> • 물품에 RFID 태그를 부착하여 취득, 보관, 사용, 처분까지 물품의 수명기간 동안 실시간, 무선으로 물품을 추적 관리하는 시스템이다.
> • RFID 관리시스템 구축으로 인해 63~87%의 생산성이 향상될 것으로 기대되고, 장부에 의한 재물조사 방식에 비해 시간이 약 75% 절감된다.

정답 7. 사용 물품 8. 보관 물품 9. 동일 물품 10. 유사 물품 11. 특성 12. 바코드 13. QR코드

1. 물적자원은 크게 자연자원과 인공자원으로 나눌 수 있다. 자연자원은 석탄 및 석유 등 자연상태 그대로의 자원을, 인공자원은 시설 및 장비 등 인위적으로 가공한 자원을 뜻한다.

2. 물적자원을 효과적으로 관리하면 경쟁력 향상과 과제 및 사업의 성공이 가능하지만, 관리를 소홀히 하게 되면 경제적 손실과 더불어 과제 및 사업의 실패를 낳을 수 있다. 따라서 물적자원을 적절히 관리하는 것은 매우 중요하다.

3. 물적자원을 적절하게 활용하지 못하는 원인들을 살펴보면 물적자원의 보관 장소를 파악하지 못하는 경우, 물적자원이 훼손된 경우, 물적자원을 분실한 경우 등이 있다.

4. 분명한 활용 목적 없이 구입한 물품의 경우 관리에 소홀해지기 쉬우며, 이로 인해 실제 필요한 상황에서 제대로 활용하지 못하게 되는 경우가 발생한다.

5. 물적자원을 효과적으로 관리하기 위해서는 사용 물품 및 보관 물품의 구분, 동일 물품 및 유사 물품의 분류, 물품 특성에 맞는 보관 장소 선정의 단계를 거쳐야 한다.

6. 다량의 물적자원을 관리하기 위해서는 바코드의 원리를 활용하는 것이 효과적이다. 바코드는 문자나 숫자를 흑과 백의 막대모양 기호로 조합한 것으로, 컴퓨터가 판독하기 쉽고 데이터를 빠르게 입력하기 위한 것이다. 자신의 물적자원을 바코드처럼 기호화하여 정리해 두면 관리에 더욱 효과적일 것이다.

04

1 인적자원의 의의

① 인적자원관리란?

> - 기업이 필요한 인적자원을 조달·확보·유지·개발하여 경영조직 내에서 구성원들이 능력을 최고로 발휘하게 하는 것
> - 근로자 스스로가 자기만족을 얻게 하는 동시에 경영 목적을 효율적으로 달성하게끔 관리하는 것

② 효율적이고 합리적인 인사관리 원칙

종류	내용
1	해당 직무 수행에 가장 적합한 인재를 배치해야 한다.
2	근로자의 인권을 존중하고 공헌도에 따라 노동의 대가를 공정하게 지급해야 한다.
3	직무 배당·승진·상벌·근무 성적의 평가·임금 등을 공정하게 처리해야 한다.
4	직장에서 신분이 보장되고 계속해서 근무할 수 있다는 믿음을 갖게 하여 근로자가 안정된 회사 생활을 할 수 있도록 해야 한다.
5	근로자가 창의력을 발휘할 수 있도록 새로운 제안·건의 등의 기회를 마련하고, 적절한 보상을 하여 인센티브를 제공해야 한다.
6	직장 내에서 구성원들이 소외감을 갖지 않도록 배려하고, 서로 유대감을 가지고 협동·단결하는 체제를 이루도록 해야 한다.

정답 1. 적재적소 배치의 원칙 2. 공정 보상의 원칙 3. 공정 인사의 원칙
4. 종업원 안정의 원칙 5. 창의력 계발의 원칙 6. 단결의 원칙

2 개인차원과 조직차원에서의 인적자원관리

① 개인차원에서의 인적자원관리

ㄱ 인맥

사전적 의미로 정계·재계·학계 따위에서 형성된 사람들의 유대 관계라고 하지만 이에 국한하지 않고 모든 개인에게 적용되는 개념으로, 자신이 알고 있거나 관계를 형성하고 있는 사람들, 일반적으로 가족이나 친구, 직장동료, 선·후배, 동호회 등 다양한 사람들을 포함한다.

ㄴ 인맥의 분류

종류	내용
7	자신과 직접적인 관계가 있는 사람들
8	7 (으)로부터 파생되어 자신과 연결된 사람들

ㄷ 개인이 인맥을 활용할 경우 이를 통해 각종 정보와 정보의 소스를 획득하고, 참신한 아이디어와 해결책을 도출하며, 유사시 필요한 도움을 받을 수 있다는 장점이 있다.

② 조직차원에서의 인적자원관리

ㄱ 인적자원관리의 중요성

기업체의 경우 인적자원에 대한 관리가 조직의 성과에 큰 영향을 미치는데, 이는 기업의 인적자원이 가지는 특성에서 비롯된다.

ㄴ 인적자원의 특성

종류	내용
9	물적자원으로부터의 성과는 자원 자체의 양과 질에 의해 지배되는 수동적인 특성을 지니고 있는 반면, 인적자원의 경우는 욕구와 동기, 태도와 행동 그리고 만족감 여하에 따라 성과가 결정됨
10	인적자원은 자연적인 성장과 성숙·교육 등을 통해 개발될 수 있는 잠재능력과 자질을 보유하고 있다는 것
11	조직의 성과는 인적자원, 물적자원 등을 효과적이고 능률적으로 활용하는 데 달려 있음

3 인맥관리방법

① 12 　　　관리

　ㄱ 12 　　　의 가치

> • 자신의 13 　　　을/를 증명한다.
> • 자신을 PR하는 도구로 사용할 수 있다.
> • 자신의 정보를 전달하고 상대방에 대한 정보를 얻을 수 있다.
> • 대화의 실마리를 제공할 수 있다.
> • 후속 교류를 위한 도구로 사용할 수 있다.

　ㄴ 12 　　　에 메모해 두면 좋은 정보

> • 언제, 어디서, 무슨 일로 만났는지에 대한 내용
> • 소개자의 14 　　　
> • 15 　　　(이)나 16 　　　
> • 상대의 업무내용이나 취미, 기타 17 　　　 점
> • 전근·전직 등의 변동 사항
> • 가족사항
> • 거주지와 기타 연락처
> • 대화를 나누고 나서의 18 　　　(이)나 19

② 20

㉠ 자신과 직접적인 관계를 가지는 ' 21   '와/과 핵심인력으로부터 파생된
' 22   '을/를 구분하여 작성하는 것이 좋다. 특히 23   에
는 어떤 관계에 의해 파생되었는지를 기록하는 것이 필요하다.

㉡ 20   의 예

<table>
<tr><td colspan="8">21   카드</td></tr>
<tr><td>성명</td><td>관계</td><td>직장 및 부서</td><td>학력</td><td>출신지</td><td colspan="2">연락처</td><td>비고</td></tr>
<tr><td rowspan="3"></td><td rowspan="3"></td><td rowspan="3"></td><td rowspan="3"></td><td rowspan="3"></td><td colspan="2">직장 :</td><td rowspan="3"></td></tr>
<tr><td colspan="2">자택 :</td></tr>
<tr><td colspan="2">메일 :</td></tr>
</table>

<table>
<tr><td colspan="8">22   카드</td></tr>
<tr><td>성명</td><td>파생관계</td><td>직장 및 부서</td><td>학력</td><td>출신지</td><td colspan="2">연락처</td><td>비고</td></tr>
<tr><td rowspan="3"></td><td rowspan="3"></td><td rowspan="3"></td><td rowspan="3"></td><td rowspan="3"></td><td colspan="2">직장 :</td><td rowspan="3"></td></tr>
<tr><td colspan="2">자택 :</td></tr>
<tr><td colspan="2">메일 :</td></tr>
</table>

04

③ 24

㉠ 25

정보통신기술이 발달하면서 사람·정보·사물 등을 네트워크로 촘촘하게 연결
한 사회를 말하는데, 초연결사회에서는 직접 대면하지 않고 시간과 공간을 초월
하여 네트워크상에서 인맥을 형성하고 관리한다.

㉡ 소셜네트워크 서비스(SNS)와 더불어 인맥 구축과 채용에 도움이 되는 비즈니스
특화 인맥관리서비스(BNS; Business Social Network Service)로 관심이 증
대되고 있다.

정답 20. 인맥관리카드 21. 핵심인맥 22. 파생인맥 23. 파생인맥카드
24. 소셜네트워크(SNS; Social Network Service) 25. 초연결사회

4 인력배치의 원리

① 인력배치의 3원칙

ⓐ 26

팀의 효율성을 높이기 위해 팀원의 능력이나 성격 등을 바탕으로 적합한 위치에 배치하여 팀원 개개인의 능력을 최대로 발휘해 줄 것을 기대하는 것이다. 배치는 작업이나 직무가 요구하는 요건, 개인이 보유하고 있는 조건이 서로 균형 있고 적합하게 대응되어야 성공할 수 있다.

ⓑ 27

개인에게 능력을 발휘할 수 있는 기회와 장소를 부여하고, 그 성과를 바르게 평가하고, 평가된 능력과 실적에 대해 상응하는 보상을 주는 원칙을 말한다.

ⓒ 28

모든 팀원에 대한 평등한 적재적소, 즉 팀 전체의 적재적소를 고려할 필요가 있다는 것이다. 팀 전체의 능력향상, 의식개혁, 사기양양 등을 도모하는 의미에서 전체와 개체가 균형을 이루어야 한다.

② 배치의 세 가지 유형

종류	내용
29	부분의 작업량과 조업도, 여유 또는 부족 인원을 감안하여 소요인원을 결정하여 배치하는 것
30	적재적소주의와 동일한 개념
31	팀원의 적성 및 흥미에 따라 배치하는 것

③ 32

할당된 과업에 따른 책임자와 참여자를 명시하여 관리함으로써 업무 추진에 차질이 생기는 것을 막기 위한 문서이다.

정답 26. 적재적소주의 27. 능력주의 28. 균형주의 29. 양적 배치 30. 질적 배치
31. 적성 배치 32. 과업세부도

1. 조직차원에서 인적자원은 조직에 고용된 사람을 말하는 것으로, 조직의 리더나 관리자들은 인적자원의 중요성을 인식하고 있다.

2. 개인차원에서 인적자원은 인맥(人脈)을 가리키며, 이는 자신이 알고 있거나 관계를 형성하고 있는 사람들을 나타내는 것을 말한다. 인맥에는 자신과 직접관계를 가지는 핵심인맥, 핵심인맥으로부터 파생되어 관계를 가지는 파생인맥이 있다.

3. 인적자원의 특성은 능동성, 개발가능성, 전략적 중요성으로 구분할 수 있다. 능동성이란 인적자원의 욕구와 동기, 태도와 행동, 만족감 등에 의해 성과가 결정된다는 것이다. 개발가능성은 잠재능력과 자질을 보유하고 있는 것이 인적자원이라는 것이며, 전략적 중요성은 다른 모든 자원을 활용하는 것이 바로 사람이기 때문에 인적자원이 전략적으로 매우 중요하다는 것을 의미한다.

4. 인적자원, 즉 인맥을 효과적으로 관리하기 위한 방법으로는 명함관리와 인맥관리카드, 소셜네트워크(SNS) 등이 있다. 인맥관리카드는 핵심인맥카드와 파생인맥카드를 따로 작성하는 것이 효과적이다. 최근에는 소셜네트워크(SNS)를 이용하여 네트워크상에서 인맥을 형성하고 관리하며, 특히 인맥구축과 채용에 도움이 되는 비즈니스 특화 인맥관리서비스(BNS)에 대한 관심이 증대되고 있다.

5. 팀 작업에서 인적자원관리를 할 때 중요한 것은 인력배치이며, 인력배치의 3원칙으로는 적재적소주의, 능력주의, 균형주의를 들 수 있다.

6. 인력배치 유형에는 소요인원을 결정하여 배치하는 양적 배치, 적재적소의 배치를 뜻하는 질적 배치, 팀원의 적성 및 흥미를 고려하여 배치하는 적성 배치가 있다.

04

MEMO

PART 05

정보능력

PART 05 정보능력

[01] 정보능력의 의의

1 정보의 의의

① **정보능력의 의미**

컴퓨터를 활용하여 필요한 정보를 수집·분석·활용하는 능력이다.

② 1   · 2   · 3

구분	일반적 정의	사례
1	• 객관적 실체를 전달이 가능하게 기호화한 것	스마트폰 활용 횟수
2	• 자료를 특정한 목적과 문제 해결에 도움이 되도록 가공한 것 • 특정한 상황에 맞도록 평가한 의미 있는 기록	20대의 스마트폰 활용 횟수
3	• 정보를 체계화하여 보편성을 갖도록 한 것	스마트폰 디자인에 대한 20대의 취향

※ 일반적으로 '자료⊇지식⊇정보'의 포함관계로 나타낼 수 있다.
※ 자료와 정보 가치의 크기는 상대적이다.

③ **정보의 특성**

㉠ 4   : 정보는 원하는 시간에 제공되어야 한다.

㉡ 5   : 정보는 공개가 되고 나면 정보가치가 급감하나(경쟁성), 정보획득에 필요한 비용이 줄어드는 효과도 있다(경제성).

구분	6	7	8
경쟁성	낮음 ⟶		높음
경제성	높음 ⟶		낮음

정답   1. 자료(Data)   2. 정보(Information)   3. 지식(Knowledge)   4. 적시성   5. 독점성
          6. 공개 정보   7. 반(半)공개 정보   8. 비(非)공개 정보

2 9 [   ]

① 9 [   ] **의 의의**

정보가 사회의 중심이 되는 사회로, IT기술을 활용해 필요한 정보가 창출되는 사회
이다.

② 9 [   ] **의 특징**

- 정보의 사회적 중요성이 요구되며, 정보 의존성이 강화된다.
- 전 세계를 하나의 공간으로 여기는 수평적 네트워크 커뮤니케이션이 가능해진다.
- 경제 활동의 중심이 유형화된 재화에서 정보·서비스·지식의 생산으로 옮겨
  간다.
- 정보의 가치 생산을 중심으로 사회 전체가 움직이게 된다.

③ 10 [   ] **의 특징**

- 지식 및 정보 생산 요소에 의한 부가가치 창출
- 세계화의 진전
- 지식의 폭발적 증가

05

④ **정보화 사회의 필수 행위**

11 [   ], 12 [   ], 13 [   ]

> **Point** — **미래 사회의 6T**
>
> 정보기술(14 [   ]), 생명공학(15 [   ]), 나노기술(16 [   ]), 환경기술(17 [   ]), 문화
> 산업(18 [   ]), 우주항공기술(19 [   ])

정답 9. 정보화 사회 10. 미래 사회 11. 정보 검색 12. 정보 관리 13. 정보 전파
14. IT 15. BT 16. NT 17. ET 18. CT 19. ST

3 컴퓨터의 활용 분야

① 기업 경영 분야

20 21	기업 경영에 필요한 정보를 효과적으로 활용하도록 지원해 경영자가 신속하게 의사결정을 할 수 있게 함
22	기업의 전략을 실현해 경쟁 우위를 확보하기 위한 목적으로 사용
23	문서 작성과 보관의 자동화, 전자 결재 시스템이 도입되어 업무 처리의 효율을 높여 줌
24	기업의 입장에서는 비용을 절감할 수 있으며, 소비자는 값싸고 질 좋은 제품을 구매할 수 있게 함

② 행정 분야

행정 데이터베이스	민원 처리, 행정 통계 등의 행정 관련 정보의 데이터베이스 구축
행정 사무자동화	민원 서류의 전산 발급

③ 산업 분야

25	컴퓨터를 이용한 공정 자동화
26	산업용 로봇의 활용
27	POS 시스템

Point 28

- 홈쇼핑, 홈뱅킹, 인터넷 서점 등이 이에 해당한다.
- 모든 기업과 모든 소비자를 대상으로 기업의 상품, 서비스가 제공된다.
- 전자상거래가 활성화되면 기업은 물류 비용을 줄일 수 있으며, 소비자는 값싸고 질 좋은 제품을 집에서 구매할 수 있게 된다.
- 컴퓨터나 정보통신망 등 전자화된 기술을 이용해 기업과 소비자가 상품과 서비스를 사고 파는 것을 의미한다.

정답　20. 경영정보시스템(MIS)　21. 의사결정지원시스템(DSS)　22. 전략정보시스템(SIS)
　　　23. 사무자동화(OA)　24. 전자상거래(EC)　25. 공업　26. 산업　27. 상업
　　　28. 전자상거래(EC)

4 정보처리 과정

| 29 | ➡ | 30 | ➡ | 31 | ➡ | 32 |

① 29

정보 활동의 가장 첫 단계이며, 정보 관리의 가장 중요한 단계이다.

5W	What(무엇을)	정보의 입수대상을 명확히 한다.
	Where(어디에서)	정보의 소스를 파악한다.
	When(언제)	정보의 요구시점을 고려한다.
	Why(왜)	정보의 필요 목적을 염두에 둔다.
	Who(누가)	정보 활동의 주체를 확정한다.
2H	How(어떻게)	정보의 수집 방법을 검토한다.
	How Much(얼마나)	정보 수집의 효용성을 중시한다.

② 30

ㄱ 다양한 정보원으로부터 목적에 적합한 정보를 입수하는 것이다.

ㄴ 정보 수집의 최종적인 목적은 '예측'을 잘하기 위함이다.

③ 31

ㄱ 수집된 다양한 형태의 정보를 사용하기 쉬운 형태로 바꾸는 것이다.

ㄴ 정보관리의 3원칙

33	사용 목적을 명확히 설명해야 한다.
34	쉽게 작업할 수 있어야 한다.
35	즉시 사용할 수 있어야 한다.

④ 32

최신 정보기술을 통한 정보들을 당면한 문제에 활용하는 것이다.

정답 29. 기획 30. 수집 31. 관리 32. 활용 33. 목적성 34. 용이성 35. 유용성

1. 정보능력이란 기본적인 컴퓨터를 활용하여 업무에 필요한 정보를 수집·분석·활용하는 능력이다. 정보능력의 함양은 매일 수십 개의 정보가 생성되고 소멸될 정도로 변화가 빠른 현대 사회에서 필수적이다.

2. 업무 수행 중에 주위에 있는 모든 자료가 유용한 정보가 될 수 있는 것은 아니다. 자료는 특정한 목적과 문제해결에 도움이 되도록 가공해야만 유용한 정보로서의 가치를 지닌다.

3. 컴퓨터와 통신기술의 발전을 기반으로 한 정보화 사회의 도래로 인하여 미래의 모습은 상상을 초월할 정도로 변할 것이다. 따라서 이러한 변화에 대처할 수 있는 능력을 함양해야 한다.

4. 업무 수행 중에 컴퓨터를 활용할 수 있는 경우는 수없이 많다. 업무의 목적과 상황을 고려하여 컴퓨터를 적절하게 활용할 수 있는 능력을 함양하여야 할 것이다.

5. 업무 수행에 필요한 정보를 활용하기 위해서는 일정한 정보처리 절차에 따라 정보를 기획·수집·관리·활용하는 것이 필요하다.

6. 업무 수행에 필요한 정보를 수집·관리·활용하기에 앞서 어떠한 정보를 어디에서, 언제까지, 왜, 누가, 어떻게, 얼마나 수집할 것인지에 대한 전략적 기획을 수립하는 것은 매우 중요하다.

[02] 컴퓨터활용능력

1 인터넷 서비스의 종류

① 1

> • 인터넷을 이용하여 다른 이용자들과 정보를 주고받는 통신 방법을 말한다.
> • 포털·회사·학교 등에서 제공하는 전자우편 시스템에 계정을 만들어 이용 가능하다.

② 2

웹서버에 대용량의 저장 기능을 갖추고 사용자가 개인의 하드디스크와 같은 기능을 인터넷을 통해 이용할 수 있게 하는 서비스를 말한다.

③ 3

컴퓨터를 통해 실시간으로 메시지와 데이터를 주고받을 수 있는 서비스이며, 응답이 즉시 이루어져 가장 보편적으로 사용되는 서비스이다.

④ 4

> • 사용자들이 별도의 데이터 센터를 구축하지 않고도 인터넷 서버를 활용해 정보를 보관하고 있다가 필요할 때 꺼내 쓰는 기술을 말한다.
> • 모바일 사회에서는 장소와 시간에 관계없이 다양한 단말기를 통해 사용 가능하다.

⑤ 5

온라인 인맥 구축을 목적으로 개설된 커뮤니티형 웹사이트를 말하며, 트위터, 페이스북, 인스타그램과 같은 1인 미디어와 정보 공유 등을 포괄하는 개념이다.

⑥ 6

7 의 전자상거래	인터넷이라는 전자적인 매체를 통해 재화나 용역을 거래하는 것
8 의 전자상거래	소비자와의 거래뿐만 아니라 관련된 모든 기관과의 행위를 포함

정답 1. 전자우편 2. 웹하드 3. 메신저 4. 클라우드 5. SNS 6. 전자상거래 7. 협의 8. 광의

05

2 인터넷 정보 검색

① 정보 검색 단계

검색 주제에 대한 사전 지식을 확보하면 정보 검색에 드는 시간을 절약할 수 있다.

첫째, 뉴스 정보인가?

둘째, 인터넷 정보원을 활용해야 하는가?

셋째, 논문자료에서 찾을 수 있는가?

넷째, 해당 주제와 관련 있는 학회나 관공서 사이트에서 찾을 수 있는가?

❶ 9   선정 ➡ ❷ 10   선택 ➡ ❸ 11   작성 ➡ ❹ 12   출력

② 검색 엔진의 유형

종류	내용
13 검색 방식	• 정보에 대한 키워드를 직접 입력하여 정보를 찾는 방식 • 방법이 간단하나 키워드를 불명확하게 입력하면 검색이 어려움
14 검색 방식	• 주제별, 계층별로 문서들을 정리해 DB를 구축한 후 이용하는 방식 • 원하는 정보를 찾을 때까지 분류된 내용을 차례로 선택해 검색
15 검색 방식	• 문장 형태의 질의어를 형태소 분석을 거쳐 각 질문에 답이 들어 있는 사이트를 연결해 주는 방식
16 검색 방식	• 검색 엔진 자신만의 DB를 구축하지 않음 • 검색어를 연계된 다른 검색 엔진에 보낸 후 검색 결과를 보여줌

> **Point** 〉 **정보 검색 시 주의사항**
>
> • 논문 등 특정 데이터들은 특화된 검색 엔진을 이용하는 것이 효율적이다.
> • 키워드는 구체적으로 입력하는 것이 좋으며, 결과 내 재검색 기능을 활용한다.
> • 검색 연산자는 검색 엔진에 따라 다소 차이가 있을 수 있다.

정답   9. 검색 주제   10. 정보원   11. 검색식   12. 결과   13. 키워드   14. 주제별   15. 자연어
       16. 통합형

3 업무용 소프트웨어

① 17

㉠ 문서를 작성·편집·저장·인쇄할 수 있는 프로그램을 말하며, 키보드 등으로 입력한 문서의 내용을 화면으로 확인하면서 쉽게 고칠 수 있어 편리하다.

㉡ 흔글과 MS-Word가 가장 대표적으로 활용되는 프로그램이다.

㉢ 워드프로세서의 주요 기능

종류	내용
18	키보드나 마우스를 통해 문자·그림 등을 입력할 수 있는 기능
19	입력한 내용을 표시 장치를 통해 나타내 주는 기능
20	입력된 내용을 저장하여 필요할 때 사용할 수 있는 기능
21	문서의 내용이나 형태 등을 변경해 새롭게 문서를 꾸미는 기능
22	작성된 문서를 프린터로 출력하는 기능

② 23

㉠ 수치나 공식을 입력하여 그 값을 계산해 내고, 결과를 차트로 표시할 수 있는 프로그램을 말하며, 다양한 함수를 이용해 복잡한 수식도 계산할 수 있다.

㉡ Excel이 가장 대표적으로 활용되는 프로그램이다.

㉢ 스프레드시트의 구성단위

스프레드시트는 셀, 열, 행, 영역의 네 가지 요소로 구성된다. 그중에서 셀은 가로행과 세로열이 교차하면서 만들어지는 공간을 말하며, 이는 정보를 저장하는 기본단위이다.

③ 24

㉠ 컴퓨터 등을 이용하여 그 속에 담겨 있는 각종 정보를 전달하는 행위를 말하며, 이를 위해 사용되는 프로그램들을 24 프로그램이라고 한다.

㉡ 파워포인트가 가장 대표적으로 활용되는 프로그램이다.

05

정답 17. 워드프로세서 18. 입력 19. 표시 20. 저장 21. 편집 22. 인쇄 23. 스프레드시트
24. 프레젠테이션

4 데이터베이스

① 데이터베이스의 의의

여러 개의 서로 연관된 파일을 말하며, 이 연관성으로 인해 사용자는 여러 개의 파일에 있는 정보를 한번에 검색할 수 있다.

데이터베이스 관리시스템	데이터와 파일의 관계를 생성·유지·검색할 수 있게 하는 소프트웨어
파일 관리시스템	한 번에 한 개의 파일만 생성·유지·검색할 수 있는 소프트웨어

② 데이터베이스의 필요성

데이터 중복 25	데이터를 한 곳에서만 갖고 있으므로 유지 비용이 절감됨
데이터 무결성 26	데이터가 변경될 경우 한 곳에서 수정하는 것만으로 해당 데이터를 이용하는 모든 프로그램에 반영됨
검색의 27	한 번에 여러 파일에서 데이터를 찾을 수 있음
데이터 안정성 28	사용자에 따라 보안등급의 차등을 둘 수 있음

③ 데이터베이스의 기능

종류	내용
29 기능	형식화된 폼을 사용해 내용을 편리하게 입력할 수 있음
30 기능	필터나 쿼리 기능을 이용해 데이터를 빠르게 검색하고 추출할 수 있음
31 기능	테이블을 사용해 데이터를 관리하기 쉽고, 많은 데이터를 종류별로 분류해 일괄적으로 관리할 수 있음
32 기능	데이터를 이용해 청구서나 명세서 등의 문서를 쉽게 만들 수 있음

정답   25. 감소 26. 증가 27. 용이 28. 증가 29. 입력 30. 검색 31. 일괄 관리 32. 보고서

1. 컴퓨터활용능력은 업무 수행에 필요한 정보를 수집·분석·조직·관리·활용할 때 컴퓨터를 활용하는 능력이다.

2. 정보사회의 도래에 가장 결정적인 역할을 한 것은 컴퓨터 기술의 발전이었으며, 컴퓨터를 통해 필요한 정보를 얻고 자신에게 잠재되어 있는 재능을 발휘하기 위해서는 컴퓨터활용능력의 함양이 필수적이다.

3. 대부분은 원활한 업무 수행을 위해 다양한 인터넷 서비스를 활용하고 있다. 이메일(E-mail), 웹하드(Web Hard), 메신저, 클라우드 등 다양한 인터넷 서비스의 특징을 파악하여 업무 수행 과정에서 적재적소에 활용할 수 있어야 한다.

4. 특정 업무를 수행하기 위해서는 그 일에 해당하는 소프트웨어를 선택하여 활용할 수 있어야 한다. 소프트웨어는 업무 처리의 특성에 따라 여러 종류가 있으며, 대표적인 소프트웨어로는 워드프로세서, 스프레드시트, 프레젠테이션, 유틸리티 프로그램 등이 있다.

05

5. 컴퓨터를 이용하여 업무의 효율을 높이기 위해서는 데이터의 효과적인 활용이 필요하며, 이를 위해서는 데이터베이스의 구축이 필수적이다.

6. 업무를 수행하는 데 데이터베이스 시스템을 활용하면 ❶ 데이터 중복을 줄일 수 있고, ❷ 데이터의 무결성을 높이며, ❸ 데이터 검색을 쉽게 할 수 있고, ❹ 데이터의 안정성을 높일 수 있다.

1 정보의 수집

① 1   와/과 2

1	원래의 연구 성과가 기록된 자료
2	1 을/를 효과적으로 찾아보기 위한 자료 혹은 1 에 포함되어 있는 정보를 압축·정리한 자료

② 3   와/과 4

3	하나하나의 개별적인 정보
4	3 중에 몇 가지를 선별해 그것을 연결시켜 판단하기 쉽게 도와주는 하나의 정보 덩어리

③ 정보 수집을 잘하기 위한 방법

   ㉠ 신뢰관계 수립 : 중요한 정보는 신뢰관계가 좋은 사람에게만 전해지므로 중요한 정보를 수집하려면 먼저 신뢰관계를 이루어야 한다.

   ㉡ 선수필승(先手·必勝) : 변화가 심한 시대에는 질이나 내용보다 빠른 정보 획득이 중요하다.

   ㉢ 구조화 : 얻은 정보를 의식적으로 구조화하여 머릿속에 가상의 서랍을 만들어 두어야 한다.

   ㉣ 도구의 활용 : 기억력에는 한계가 있으므로 박스·스크랩 등을 활용하여 정리해야 한다.

Point   1   와/과 2

- 1   : 단행본, 학술지와 학술지 논문, 학술회의자료, 연구보고서, 학위논문, 특허정보, 표준 및 규격자료, 레터, 출판 전 배포자료, 신문, 잡지 등
- 2   : 사전, 백과사전, 편람, 연감, 서지데이터베이스 등

정답   1. 1차 자료   2. 2차 자료   3. 인포메이션   4. 인텔리전스

2 정보 분석

① 정보 분석의 정의

여러 정보를 상호 관련지어 새로운 정보를 생성해 내는 활동을 말한다.

② 정보 분석의 절차

분석 과제의 발생

5

6

관련 정보의 수집

기존 자료 조사   신규 자료 조사

7

항목별 분석

종합 · 결론

활용 · 정리

05

③ 정보의 8 와/과 9

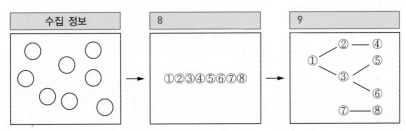

수집 정보

8

①②③④⑤⑥⑦⑧

9

정답   5. 과제(요구)의 분석   6. 조사 항목의 선정   7. 수집 정보의 분류   8. 서열화   9. 구조화

3 효율적인 정보 관리 방법

① 목록을 이용한 정보 관리

정보에서 중요 항목을 찾아 기술한 후 정리해 목록을 만드는 것이며, 디지털 파일로
저장해 두면 용어를 입력하는 것만으로 결과물을 쉽게 찾을 수 있다.

② 색인을 이용한 정보 관리

ㄱ 10 ___ 와/과 11 ___ 의 차이

10	하나의 정보원에 하나의 10 이/가 대응된다.
11	하나의 정보원에 여러 11 을/를 부여할 수 있다.

ㄴ 색인의 구성요소

| 색인어 | + | 위치정보 | = | 색인 |

Point 정보관리방법

• 디지털 파일에 색인을 저장하면 추가·삭제·변경이 쉽다.
• 목록은 한 정보원에 하나만 대응하지만, 색인은 여러 개를 부여할 수 있다.
• 정보 목록은 정보에서 중요 항목을 찾아 기술한 후 정리하면서 만들어진다.

정답 10. 목록 11. 색인

③ 분류를 이용한 정보 관리

⊙ 유사한 정보를 하나로 모아 분류하여 정리하는 것은 신속한 정보 검색을 가능하게 한다.

ⓛ 분류 기준 예시

기준	내용	예시
[12_____] 기준	정보의 발생 시간별로 분류	2023년 봄, 7월 등
[13_____] 기준	정보의 내용에 따라 분류	역사, 스포츠 등
[14_____] / [15_____] 기준	정보의 용도나 기능에 따라 분류	참고자료용, 강의용, 보고서 작성용 등
[16_____] 기준	정보의 유형에 따라 분류	도서, 비디오, CD, 한글파일, 파워포인트 파일 등

4 인터넷의 역기능과 네티켓

① 인터넷의 역기능

- 불건전 정보의 유통
- 개인 정보 유출
- [17_____] 성폭력
- [17_____] 언어폭력
- 언어 훼손
- 인터넷 [18____]
- 불건전한 교제
- [19____] 침해

---

② 네티켓

네트워크(Network)	+	에티켓(Etiquette)	=	20

상황	내용
[21] 사용 시	• 메시지는 가능한 짧게 요점만 작성한다. • 메일을 보내기 전에 주소가 올바른지 확인한다. • 제목은 메시지 내용을 함축해 간략하게 쓴다. • 가능한 메시지 끝에 Signature(성명, 직위 등)를 포함시킨다.
[22] 대화 시	• 도중에 들어가면 지금까지 진행된 대화의 내용과 분위기를 익힌다. • 광고·홍보 등을 목적으로 악용하지 않는다.
[23] 사용 시	• 글의 내용은 간결하게 요점만 작성한다. • 제목에는 내용을 파악할 수 있는 함축된 단어를 사용한다. • 글을 쓰기 전에 이미 같은 내용의 글이 있는지 확인한다.
공개자료실 이용 시	• 자료는 가급적 압축된 형식으로 등록한다. • 프로그램을 등록할 경우에는 바이러스 감염 여부를 점검한다. • 음란물, 상업용 S/W를 올리지 않는다.
인터넷 게임 시	• 온라인 게임은 온라인상의 오락으로 끝나야 한다. • 게임 중에 일방적으로 퇴장하지 않는다.

Point 컴퓨터 바이러스 예방 방법

- 출처가 [24] 한 첨부파일은 바이러스 검사 후 사용
- 백신 프로그램의 실시간 감시 기능 활용, 정기적인 업데이트
- [25] 소프트웨어 사용
- 중요한 파일은 별도의 보조 매체에 백업
- 프로그램 복사 시 바이러스 [26] 여부 확인

정답 20. 네티켓(Netiquette) 21. 전자우편 22. 온라인 23. 게시판 24. 불분명 25. 정품
26. 감염

5 개인정보 보호

① 개인정보의 의미

생존하는 개인에 대한 정보로, 정보에 포함된 성명 등에 의해 개인을 식별할 수 있는 정보를 의미하며, 단일 정보뿐만 아니라 다른 정보와 결합해 식별할 수 있는 것도 해당한다.

② 개인정보의 유출 방지

> • 회원가입 시 이용 약관 확인
> • 이용 목적에 적절한 정보를 요구하는지 확인
> • 정기적인 비밀번호 교체
> • 정체가 불분명한 사이트 접속 자제
> • 가입 해지 시 정보 파기 여부 확인
> • 생년월일, 전화번호 등 유추 가능한 비밀번호 사용 자제

③ 개인정보의 종류

분류	내용
[27]　　정보	이름, 주민등록번호, 성별, 주소, 전화번호, 생년월일 등
[28]　　정보	가족의 이름, 직업, 생년월일, 주민등록번호, 출생지 등
[29]　및　[30]　정보	최종학력, 성적, 기술자격증 / 전문면허증, 이수훈련 프로그램 등
[31]　　정보	군번 및 계급, 제대유형, 주특기, 근무부대 등
[32]　및　[33]　정보	소유주택 및 토지, 자동차, 저축현황, 현금카드, 주식 및 채권 등
[34]　　정보	연봉, 소득의 원천, 소득세 지불 현황 등
[35]　　정보	보험가입현황, 수익자, 회사의 판공비 등
[36]　　정보	대부상황, 저당, 신용카드, 담보설정 여부 등
[37]　　정보	고용주, 회사주소, 직무수행평가 기록, 훈련기록, 상벌기록 등
[38]　　정보	전과기록, 구속기록, 이혼기록 등
[39]　　정보	가족병력기록, 과거 의료기록, 신체장애, 혈액형 등
[40]　　정보	노조가입, 정당가입, 종교단체 활동 등

05

정답　27. 일반　28. 가족　29. 교육　30. 훈련　31. 병역　32. 부동산　33. 동산　34. 소득　35. 기타 수익　36. 신용　37. 고용　38. 법적　39. 의료　40. 조직

1. 정보처리능력은 필요한 정보를 수집하고 분석하여 의미 있는 정보를 찾아내며, 찾아낸 정보를 업무 수행에 적절하도록 조직·관리하고 활용하는 능력이다. 문제해결에 적합한 정보를 찾고 선택할 수 있는 능력과 찾은 정보를 문제해결에 적용할 수 있는 능력의 함양은 필수적이다.

2. 업무를 수행할 때 목적에 적합한 정보를 수집하는 것은 무엇보다도 중요한 일이다. 효과적으로 필요한 정보를 수집하기 위해서는 우선 정보수집 목적을 명확하게 설정하여야 한다. 그 후 적합한 정보원(Sources)을 탐색하여 효과적인 방법에 따라 정보를 수집해야 할 것이다.

3. 업무를 수행하기 위해서는 수많은 정보가 필요하며, 이러한 정보는 한 번 활용하고 나면 필요 없는 것이 아니라 대부분의 경우 같은 정보를 다시 이용하게 된다. 따라서 정보의 체계적인 분석 및 가공 절차가 필요하며, 효율적인 정보관리 방법을 숙지하여 정보를 체계적으로 관리하는 것이 중요하다.

4. 정보를 효과적으로 활용함으로써 합리적인 의사결정을 할 수 있고, 새로운 기회를 탐색할 수 있으며, 위험을 사전에 예방할 수도 있다. 따라서 유용한 정보와 그렇지 않은 정보를 구분하여 합리적으로 적시에 활용하는 것은 성공에 큰 열쇠가 될 수 있다.

5. 업무 수행 혹은 일상생활에서 인터넷을 활용할 때에는 항상 네티켓을 지키도록 노력해야 한다. 네티켓은 네트워크와 에티켓의 합성어로, 사이버 공간에서 지켜야 할 비공식적인 규약이다.

6. 컴퓨터를 활용하다 보면 중요한 개인정보가 유출될 수 있다. 이러한 정보가 유출될 경우 막대한 손해를 입을 수도 있기 때문에 개인정보 유출 방지를 위한 노력을 기울여야 한다.

PART 06
기술능력

[01] 기술능력의 의의

1 기술의 의의

① 기술의 의미

지적인 도구를 특정한 목적에 사용하는 지식 체계를 말하며, 제품이나 용역을 생산하는 원료·생산 공정 등에 대한 지식의 집합체를 의미한다.

② 1   와/과 2

원래 노하우의 개념이 강하였으나, 시대가 지남에 따라 노하우와 노와이가 결합하는 모습을 보이고 있다.

1	• 특허권을 수반하지 않는 엔지니어 등이 가지고 있는 체화된 기술 • 경험적·반복적인 행위를 통해 얻게 됨
2	• 어떻게 기술이 성립하고 작용하는가에 대한 원리적 측면 • 이론적인 지식으로, 과학적인 탐구를 통해 얻게 됨

③ 광의의 기술과 협의의 기술

광의의 기술	직업 세계에서 필요로 하는 기술적 요소
협의의 기술	구체적 직무수행능력

> **Point** 기술의 특징
>
> • 하드웨어나 인간에 의해 만들어진 비자연적인 대상 혹은 그 이상이다.
> • 기술을 설계, 생산, 사용하기 위해서는 노하우가 필요하므로 기술은 노하우를 포함한다.
> • 소프트웨어를 생산하는 과정이 아니라 하드웨어를 생산하는 과정이다.
> • 인간의 능력을 확장시키기 위한 하드웨어와 그것의 활용이다.
> • 정의 가능한 문제를 해결하기 위해 순서화되고 이해 가능한 노력이다.

정답   1. 노하우(Know-how)   2. 노와이(Know-why)

2 기술능력의 의의

① 3 　　　　와/과 4

3	기술의 특성 등에 대해 일정 수준의 지식을 갖추는 것
4	일상적으로 요구되는 수단·도구·조작 등에 대한 기술적인 요소들을 이해하고, 적절한 기술을 선택·적용하는 능력. 기술교양의 개념을 구체화시킨 개념

② 기술능력이 뛰어난 사람의 특징

- 기술적 해결이 아닌 실질적 해결을 필요로 하는 문제를 인식한다.
- 인식된 문제를 위한 다양한 해결책을 개발·평가한다.
- 실제적 문제를 해결하기 위해 지식 등을 선택해 최적화시켜 적용한다.
- 주어진 한계 속에서 제한된 자원을 가지고 일한다.
- 기술적 해결에 대한 효용성을 평가한다.

③ 기술능력을 향상시키는 방법

5	• 연수 분야의 노하우를 통한 체계적인 교육이 가능 • 최신 실습장비, 전산 시설 등을 활용할 수 있음 • 자체교육에 비해 교육비가 저렴하며, 고용보험 환급도 가능
6	• 원하는 시간과 장소에서 학습이 가능 • 새로운 내용을 커리큘럼에 반영하기가 수월 • 의사소통과 상호작용이 자유롭게 이루어질 수 있음
7	• 실무 중심의 교육이 가능하며, 인적 네트워크 형성이 가능 • 경쟁을 통해 학습 효과를 향상시킬 수 있음
8	• 시간 낭비가 적고 조직의 필요에 적절한 교육이 가능 • 교육자와 피교육자 사이에 친밀감이 조성됨

06

정답   3. 기술교양 4. 기술능력 5. 전문 연수원 6. E-Learning 7. 상급학교 진학 8. OJT

3 산업재해

① 산업재해의 의미

산업 활동 중의 사고로 인해 사망·부상을 당하거나 유해 물질에 의한 중독 등으로 직업성 질환·신체적 장애를 가져오는 것이다.

② 산업재해의 원인

9	원인	안전지식의 불충분, 안전수칙의 오해, 훈련의 불충분 등
10	원인	기계 장치의 설계불량, 구조물의 불안정, 생산 공정의 부적당 등
11	원인	안전관리 조직의 결함, 작업 준비 불충분, 인원 배치의 부적당 등

③ 산업재해 예방 대책 5단계

12	• 경영자 : 사업장의 안전 목표 설정, 안전관리 책임자 선정 • 안전관리 책임자 : 안전계획 수립·시행·감독
13	• 사고 조사, 현장 분석, 관찰 및 보고서 연구, 면담 등
14	• 발생 장소, 재해 형태, 재해 정도, 공구 및 장비의 상태 등
15	• 기술적 개선, 인사 조정 및 교체, 공학적 조치 등
16	• 안전에 대한 교육 및 훈련 실시, 결함 개선 등

④ 불안전한 행동과 상태의 제거

불안전한 행동 제거	안전수칙 제정, 상호 간 불안전한 행동 지적, 쾌적한 작업 환경 등
불안전한 상태 제거	안전성이 보장된 설비 제작, 사고 요인의 사전 제거 등

Point 산업안전보건법

- 노무를 제공하는 사람이 업무에 관계되는 설비 등에 의하거나 작업 또는 그 밖의 업무로 인하여 사망·부상하거나 질병에 걸리는 것을 산업재해로 정의한다.
- 산업 현장에서 근로자가 시설물에 의해 넘어져 부상당한 경우도 산업재해에 해당한다.
- 근로자가 휴가 중 교통사고에 의해 부상당한 경우는 산업재해에 해당하지 않는다.

정답 9. 교육적 10. 기술적 11. 작업 관리상 12. 안전관리 조직 13. 사실의 발견
14. 원인 분석 15. 시정책의 선정 16. 시정책의 적용

1. 기술은 '물리적인 것뿐만 아니라 사회적인 것으로서 지적인 도구를 특정한 목적에 사용하는 지식 체계', '인간이 주위환경에 대한 통제를 확대시키는 데 필요한 지식의 적용' 등으로 정의할 수 있다.

2. 기술능력은 직업에 종사하는 모든 사람들에게 필요한 능력이다. 이는 넓은 의미로 확대하면 기술교양(Technical Literacy)이라는 개념으로 사용될 수 있으며, 기술교양의 개념을 보다 구체화시킨 개념으로 볼 수 있다.

3. 기술능력이 뛰어난 사람은 실질적 해결이 필요한 문제를 인식하고, 인식된 문제를 위한 다양한 해결책을 개발·평가하고, 실제적 문제를 해결하기 위해 지식이나 기타 자원을 선택·최적화시키며, 제한된 자원을 가지고 일을 진행하고, 기술적 해결에 대한 효용성을 평가할 수 있다.

4. 기술능력 향상 방법에는 전문연수원에서 제공하는 기술과정 연수, E-Learning을 활용한 기술교육, 상급학교 진학을 통한 기술교육, OJT 등이 있다.

5. 지속가능한 기술은 ❶ 이용 가능한 자원과 에너지를 고려하고, ❷ 자원이 사용되고 그것이 재생산되는 비율의 조화를 추구하며, ❸ 이러한 자원의 질을 생각하고, ❹ 자원이 생산적인 방식으로 사용되는가에 주의를 기울이는 기술을 의미한다.

6. 산업재해란 산업 활동 중의 사고로 인해 사망하거나 부상을 당하고, 유해 물질에 의한 중독 등으로 직업성 질환에 걸리거나 신체적 장애를 갖게 되는 것을 의미한다.

06

▌1 기술 시스템

① 기술 시스템의 의의

개별 기술들이 네트워크로 결합하여 새로운 기술이 만들어지는 것을 말한다.

② 기술 시스템 발전 4단계

1단계
- 기술 1 ・ 2 ・ 3 의 단계
- 기술 시스템이 탄생하고 성장
- 4 의 역할이 중요

2단계
- 5 의 단계
- 성공적인 기술이 다른 지역으로 이동
- 6 의 역할이 중요

3단계
- 7 의 단계
- 기술 시스템 사이의 경쟁이 이루어짐
- 8 의 역할이 중요

4단계
- 9 단계
- 경쟁에서 승리한 기술 시스템이 관성화
- 10 의 역할이 중요

정답 1. 발명 2. 개발 3. 혁신 4. 기술자 5. 기술 이전 6. 기술자 7. 기술 성장 8. 기업가
9. 기술 공고화 10. 자문 엔지니어

2 기술혁신

① 기술혁신의 특성

- 과정 자체가 매우 불확실하고 장기간의 시간을 필요로 한다.
- 지식 집약적인 활동이며, 조직의 경계를 넘나드는 특성이 있다.
- 혁신과정의 불확실성・모호함은 기업 내에서 많은 논쟁과 갈등을 유발할 수 있다.
- 기술혁신은 조직의 경계를 넘나드는 특성을 갖고 있다.

② 기술혁신의 과정과 역할

과정	혁신 활동	필요한 자질
11	• 아이디어를 창출하고 가능성을 검증 • 일을 수행하는 새로운 방법 고안	• 각 분야의 전문지식 • 추상화와 개념화 능력
12	• 아이디어의 전파 • 혁신을 위한 자원 확보	• 정력적이고 위험을 감수 • 아이디어의 응용
13	• 리더십 발휘 • 프로젝트의 기획 및 조직	• 의사결정능력 • 업무 수행 방법에 대한 지식
14	• 조직 외부의 정보를 내부에 전달 • 조직 내 정보원 기능	• 높은 수준의 기술적 역량 • 원만한 대인관계능력
15	• 혁신에 대한 격려와 안내 • 불필요한 제약에서 프로젝트 보호	• 조직의 주요 의사결정에 대한 영향력

Point 기술혁신의 지식 집약성

- 새로운 지식과 경험은 인간의 개별적인 지능과 창의성, 상호 학습을 통해 축적되고 학습된다.
- 기술 개발에 참가한 엔지니어의 지식은 문서화되기 어렵기 때문에 다른 사람들에게 쉽게 전파될 수 없다.

정답 11. 아이디어 창안 12. 챔피언 13. 프로젝트 관리 14. 정보 수문장 15. 후원

[03] 기술선택능력

1 기술선택

① 기술선택의 의의

기술을 외부로부터 도입할 것인지 자체 개발할 것인지를 결정하는 것이다.

② 기술선택 방법

1 기술선택	• 연구자나 엔지니어들이 자율적으로 기술을 선택 • 고객의 니즈와 동떨어진 기술이 선택될 수 있음	
2 기술선택	• 경영진이나 기획담당자들에 의한 체계적인 분석이 이루어짐 • 내부역량·외부환경 분석, 전략수립을 통해 우선순위를 결정	

③ 기술선택 시 우선순위

- 제품의 성능이나 원가에 미치는 영향력이 큰 기술
- 매출과 이익 창출 잠재력이 큰 기술
- 기업 간에 모방이 어려운 기술
- 기업이 생산하는 제품에 보다 광범위하게 활용할 수 있는 기술
- 최신 기술로 인해 진부화될 가능성이 적은 기술

정답 1. 상향식 2. 하향식

④ 기술선택 절차

| 외부환경 분석 | ➡ | 중장기 사업목표 설정 | ➡ | 내부역량 분석 |

3 ⬇

4 ⬇

5 ⬇

핵심기술 선택

06

정답 3. 사업전략 수립 4. 요구기술 분석 5. 기술전략 수립

2 벤치마킹

① 벤치마킹의 의의

특정 분야에서 뛰어난 기술 등을 배워 합법적으로 응용하는 것으로, 단순한 모방이 아니라 자사의 환경에 맞추어 재창조하는 것을 말한다.

② 벤치마킹의 종류

비교대상에 따른 분류	6 ____ 벤치마킹	• 대상 : 같은 기업 내의 유사한 활용 • 자료 수집이 용이하고 다각화된 우량기업의 경우 효과가 크나, 관점이 제한적일 수 있다.
	7 ____ 벤치마킹	• 대상 : 동일 업종에서 고객을 공유하는 경쟁 기업 • 기술에 대한 비교가 가능하지만, 대상의 적대적인 태도로 인해 자료 수집이 어렵다.
	8 ____ 벤치마킹	• 대상 : 우수한 성과를 거둔 비경쟁 기업 • 혁신적인 아이디어의 창출 가능성이 높으나, 환경이 상이하다는 것을 감안하지 않으면 효과가 없다.
	9 ____ 벤치마킹	• 대상 : 최고로 우수한 동일 업종의 비경쟁 기업 • 자료 수집이 용이하나, 문화·제도적인 차이를 감안하지 않으면 효과가 없다.
수행방식에 따른 분류	10 ____ 벤치마킹	• 직접 접촉하여 자료를 입수하고 조사하기 때문에 정확도가 높으며 지속가능하다. • 대상의 선정이 어렵고 수행비용 및 시간이 과다하게 소요된다.
	11 ____ 벤치마킹	• 인터넷 및 문서 형태의 자료를 통해서 수행한다. • 비용과 시간이 절약되나, 벤치마킹 결과가 피상적이며 핵심 자료의 수집이 어렵다.

Point ┃ 12 ____ ┃ **벤치마킹**

- 벤치마킹 대상의 수에 제한이 없고 다양하다.
- 벤치마킹 대상을 직접적으로 방문하지 않고 수행한다.
- 비용 또는 시간이 상대적으로 많이 절감된다.
- 벤치마킹 결과가 피상적이며, 정확한 자료의 확보가 어렵다.

정답 6. 내부 7. 경쟁적 8. 비경쟁적 9. 글로벌 10. 직접적 11. 간접적 12. 간접적

3 13 ▨▨▨

① 13 ▨▨▨ **의 의의**

기술선택과 적용·활용에 있어 가장 종합적이고 기본적인 안내서를 말한다.

② 13 ▨▨▨ **의 종류**

14	• 제품의 특징이나 기능 설명, 사용 방법, 유지보수, A/S, 폐기까지의 제품에 대한 정보를 소비자에게 제공하는 것 • 사용능력 및 사용자의 오작동까지 고려해 만들어야 함
15	• 어떤 일의 진행 방식, 규칙, 관리상의 절차 등을 일관성 있게 표준화해 설명하는 지침서 • 프랜차이즈 점포의 경우 '제품 진열 매뉴얼', 기업의 경우 '부서 운영 매뉴얼', '품질 경영 매뉴얼' 등이 대표적임

③ 13 ▨▨▨ **작성 방법**

- 내용이 정확해야 한다.
- 사용자가 이해하기 쉬운 문장으로 작성해야 한다.
- 사용자를 위한 심리적 배려가 있어야 한다.
- 사용자가 찾고자 하는 정보를 쉽게 찾을 수 있어야 한다.
- 사용하기 쉬워야 한다.

06

Point 13 ▨▨▨ **활용의 예**

- 자사에서 생산되는 제품에 대한 특징이나 기능 설명, 사용 방법과 고장 조치 방법, 유지보수 및 A/S, 폐기까지 제품에 대한 모든 서비스에 대해 기본적으로 알아야 할 모든 정보를 신입사원에게 교육하기 위해 활용한다.
- 신입사원이 작업장에서 적용하고자 하는 기술에 대한 활용 방법 또는 조작 방법에 대해 설명하기 위해 활용한다.

정답 13. 매뉴얼 14. 제품 매뉴얼 15. 업무 매뉴얼

4 16

① 16   의 의의

인간의 창조적 활동 또는 경험 등을 통해 창출되거나 발견한 지식, 정보, 기술이나 표현, 표시, 그 밖에 무형적인 것으로, 재산적 가치가 실현될 수 있는 지적 창작물에 부여된 권리를 말한다.

② **지식재산권의 체계**

17	특허 : 기술적 창작인 원천 핵심 기술(대발명)
	실용신안 : Life Cycle이 짧고 실용적인 주변 개량 기술(소발명)
	의장 : 심미감을 느낄 수 있는 물품의 형상·모양
	상표 : 다른 상품과 식별할 수 있는 기호·문자·도형
18	협의저작권 : 문학, 예술 분야 창작물
	저작인접권 : 실연, 음반제작자, 방송사업자 권리
19	첨단산업저작권 : 반도체 집적회로 배치설계, 생명공학, 식물 신품종
	산업저작권 : 컴퓨터 프로그램, 인공지능, 데이터베이스
	정보재산권 : 영업 비밀, 멀티미디어, 뉴미디어

정답 16. 지식재산권 17. 산업재산권 18. 저작권 19. 신지식재산권

1. 기술선택이란 기업이 어떤 기술을 외부로부터 도입하거나 자체 개발하여 활용할 것인가를 결정하는 것이다. 기술선택 의사결정은 상향식 기술선택(Bottom Up Approach), 하향식 기술선택(Top Down Approach) 두 가지가 있다.

2. 기술선택을 위한 절차는 외부환경 분석, 중장기 사업목표 설정, 내부역량 분석, 사업전략 수립, 요구기술 분석, 기술전략 수립, 핵심기술 선택으로 구분할 수 있다.

3. 벤치마킹은 특정 분야에서 뛰어난 업체나 상품·기술·경영 방식 등을 배워 합법적으로 응용하는 것을 말한다. 모방과는 달리 우수한 기업이나 성공한 상품·기술·경영 방식 등의 장점을 자사의 환경에 맞추어 재창조하는 것이다.

4. 벤치마킹의 종류는 비교대상에 따라 내부·경쟁적·비경쟁적·글로벌 벤치마킹으로 구분할 수 있으며, 수행방식에 따라서는 간접적·직접적 벤치마킹으로 구분할 수 있다. 벤치마킹의 단계는 범위 결정, 측정범위 결정, 대상 결정, 벤치마킹, 성과차이 분석, 개선계획 수립, 변화 관리 등으로 구분할 수 있다.

5. 매뉴얼의 사전적 의미는 어떤 기계의 조작 방법을 설명해 놓은 사용 지침서, 즉 '사용서', '설명서', '편람', '안내서'를 의미한다. 또한 군대에서는 '교범(教範)'을 뜻한다.

6. 매뉴얼은 제품 매뉴얼과 업무 매뉴얼로 구분할 수 있으며, 매뉴얼 작성을 위한 팁(Tip)으로는 ❶ 내용이 정확해야 하고, ❷ 사용자가 알기 쉬운 문장으로 작성해야 하며, ❸ 사용자에 대한 심리적 배려가 있어야 하고, ❹ 사용자가 찾고자 하는 정보를 쉽게 찾을 수 있어야 하며, ❺ 사용하기 쉬워야 한다.

06

[04] 기술적용능력

🏷️ 기술적용능력

① 기술적용능력의 의의

직장생활에 필요한 기술을 실제로 적용하고 결과를 확인하는 능력을 말한다.

② 기술적용의 형태

기술을 [1] 적용	• 시간과 비용의 절감 • 기술이 적합하지 않을 경우 실패할 가능성 높음
기술을 그대로 적용하되, 불필요한 기술은 버리고 적용	• 시간과 비용의 절감, 프로세스의 효율성 • 버린 기술이 과연 불필요한가에 대한 문제 제기
기술을 [2] 하고 [3]	• 시간과 비용의 소요 • 업무 환경에 맞는 프로세스를 구축할 수 있음

③ 기술적용 시 고려사항

- 기술적용에 따른 비용이 많이 드는가?
- 기술의 수명 주기는 어떻게 되는가?
- 기술의 전략적 중요도는 어떻게 되는가?
- 잠재적으로 응용가능성이 있는가?

정답   1. 그대로   2. 분석   3. 가공

2 | 4

① 5　　　　　　　**의 일반적 요건**

- 기술 개발이 결과 지향적으로 수행되도록 유도하는 능력
- 기술 개발 과제의 세부 사항까지 파악하는 치밀함
- 기술 개발 과제의 전 과정을 전체적으로 조망하는 능력

② 5　　　　　　　**에게 요구되는 행정능력**

- 기술을 기업의 전반적인 전략 목표에 통합시키는 능력
- 새로운 기술을 습득하고 기존의 기술에서 탈피하는 능력
- 기술을 효과적으로 평가할 수 있는 능력
- 기술 이전을 효과적으로 할 수 있는 능력
- 새로운 제품 개발 시간을 단축할 수 있는 능력
- 서로 다른 분야에 걸쳐 있는 프로젝트를 수행할 수 있는 능력
- 기술 전문 인력을 운용할 수 있는 능력

06

Point | 5　　　　　　**의 역할**

- 기술의 성격 및 이에 대한 동향, 사업 환경 등을 이해하고 통합적인 문제 해결과 함께 기술혁신을 달성한다.
- 기술적인 전문성을 갖추었을 때 팀원들 간의 대화를 효과적으로 이끌어낼 수 있다.

정답 4. 기술경영 5. 기술경영자

3 6 **와/과** 7

① 6 **의 의의**

사람과 사람을 연결하는 방법, 정보를 교환하는 방법 등 대상 간의 연결방법에 혁명적인 변화가 생기고 있는 현상을 말하며, 인터넷이 상용화된 1990년대 이후에 촉발되었다.

② 6 **의 특징**

- 정보통신 네트워크의 전 지구성에 따라 6 도 전 지구적이다.
- 상호 영향이 보편화되면서 사회의 위험과 개인의 불안이 증가한다.
- '이타적 개인주의'라는 공동체 철학이 부각된다.

③ 6 **의 세 가지 법칙**

8	컴퓨터의 파워가 18개월마다 2배씩 증가
9	네트워크의 가치는 사용자 수의 제곱에 비례
10	창조성은 네트워크가 가진 다양성에 비례

④ 6 **의 역기능**

- 사례 : 디지털 격차(Digital Divide), 정보화에 따른 실업, 게임 중독, 반사회적 사이트 활성화, 정보기술을 이용한 감시
- 문제점 : 네트워크의 역기능과 순기능은 잘 분리되지 않아 해결책을 찾기 어려움
- 해결방안 : 법적 – 제도적 기반 구축, 사회 전반에 걸친 정보화 윤리의식 강화, 시스템 보안 – 관리 제품의 개발

⑤ 7 **의 의의**

나노기술(NT), 생명공학기술(BT), 정보기술(IT), 인지과학(CS)의 4대 핵심기술(NBIC)이 상호 의존적으로 결합되는 것을 의미한다.

정답 6. 네트워크 혁명 7. 융합기술 8. 무어의 법칙 9. 메트칼프의 법칙 10. 카오의 법칙

1. 기술의 적용 형태는 ❶ 선택한 기술을 그대로 적용, ❷ 선택한 기술을 그대로
   적용하되 불필요한 기술은 버리고 적용, ❸ 선택한 기술을 분석하고 가공 등으
   로 구분할 수 있다.

2. 기술적용 시 고려사항으로는 ❶ 기술적용에 따른 비용이 많이 드는가, ❷ 기술
   의 수명 주기는 얼마인가, ❸ 기술의 전략적 중요도는 어느 정도인가, ❹ 잠재적
   으로 응용가능성이 있는가 등이 있다.

3. 기술경영자는 기술을 기업의 전반적인 전략 목표에 통합시키는 능력, 빠르고
   효과적으로 새로운 기술을 습득하고 기존의 기술에서 탈피하는 능력, 기술을
   효과적으로 평가할 수 있는 능력, 기술 이전을 효과적으로 할 수 있는 능력,
   새로운 제품 개발 시간을 단축할 수 있는 능력, 크고 복잡하고 서로 다른 분야에
   걸쳐 있는 프로젝트를 수행할 수 있는 능력, 기술 전문 인력을 운용할 수 있는
   능력 등이 필요하다.

4. 네트워크 혁명의 특징은 전 세계의 사람들과 이들의 지식과 활동이 연결되면서
   나의 지식과 활동이 지구 반대편에 있는 사람에게 미치는 영향의 범위와 정도가
   증대되는 한편, 지구 저쪽에서 내려진 결정이 내게 영향을 미칠 수 있는 가능성
   도 커졌다는 것이다. 따라서 범세계적인 상호 영향이 보편화되면서 사회의 위험
   과 개인의 불안은 증가한다고 볼 수 있다.

5. 인간 활동의 향상을 위해 중요한 융합기술로는 ❶ 제조・건설・교통・의학・과
   학기술 연구에서 사용되는 완전히 새로운 범주의 물질・장치・시스템, ❷ 나노
   규모에서 동작하는 부품과 공정의 시스템을 가진 물질 중에서 가장 복잡한 것으
   로 알려진 생물 세포, ❸ 유비쿼터스 및 글로벌 네트워크로 다양한 요소를 통합하
   는 컴퓨터 및 통신시스템의 기본 원리, ❹ 사람의 뇌와 마음의 구조와 기능에
   대한 생명공학기술・나노기술・정보기술과 인지과학이 주로 언급된다.

06

MEMO

PART 07
조직이해능력

PART 07 조직이해능력

[01] 조직이해능력의 의의

1 조직과 조직이해능력

① **조직의 의의**

두 사람 이상이 공동의 목표를 달성하기 위해 의식적으로 구성되며, 상호작용과 조정을 하는 행동의 집합체를 말한다.

② **조직의 기능**

1	기능	재화나 서비스를 생산함
2	기능	조직 구성원들에게 만족감을 주고 협동을 지속시킴

③ **조직이해능력의 의의**

자신이 속한 조직의 경영과 체제를 이해하고, 직장생활에 대한 국제감각을 가지는 능력을 말한다.

④ **조직이해능력의 필요성**

- 자신의 업무를 효과적으로 수행하기 위해 조직의 체제와 경영에 대해 이해해야 함
- 개인의 업무 성과를 높이고 조직 전체의 경영 효과를 높이기 위해 필요함

정답 1. 경제적 2. 사회적

2 조직의 유형

① 3 _____ 에 따른 분류

비공식조직으로부터 공식화가 진행되어 공식조직으로 발전되지만, 공식조직 내에서 인간관계를 지향하면서 비공식조직이 새롭게 생성되기도 한다.

4	조직의 구조·기능·규정 등이 조직화되어 있는 조직
5	개인들의 협동과 상호작용에 따라 형성된 자발적인 집단 조직

② 6 _____ 에 따른 분류

7	기업과 같이 이윤을 목적으로 하는 조직
8	정부조직을 비롯해 공익을 추구하는 조직

③ 9 _____ 에 따른 분류

10	가족 소유의 상점과 같이 규모가 작은 조직
11	대기업과 같이 규모가 큰 조직으로, 최근에는 동시에 둘 이상의 국가에서 법인을 설립하고 경영 활동을 벌이는 다국적 기업이 증가하고 있음

07

12	13	조직의 규모·기능·규정이 조직화된 조직
	14	인간관계에 따라 형성된 자발적 조직
15	16	예 사기업
	17	예 정부조직, 병원, 대학, 시민단체
18	19	예 가족 소유의 상점
	20	예 대기업

조직

정답 3. 공식성 4. 공식조직 5. 비공식조직 6. 영리성 7. 영리조직 8. 비영리조직
9. 조직 규모 10. 소규모조직 11. 대규모조직 12. 공식성 13. 공식조직 14. 비공식조직
15. 영리성 16. 영리조직 17. 비영리조직 18. 조직 규모 19. 소규모조직 20. 대규모조직

3 조직 체제의 구성 요소

① 체제이해능력

조직은 하나의 체제(System)이며, 체제는 특정한 방식이나 양식으로 서로 결합된 부분들의 총체를 의미한다. 따라서 한 조직의 구성원은 자신이 속한 조직의 체제를 이해할 수 있어야 한다.

② 체제(System)의 구성

- 21   : 시스템에 유입되는 것
- 22   : 시스템의 연결망, 즉 조직의 구조를 통해서 인 풋이 아웃풋으로 전환되는 과정
- 23   : 업무 프로세스를 통해 창출된 시스템의 결과물

③ 조직의 목표

- 조직이 달성하려는 장래의 상태로, 조직이 존재하는 정당성·합법성을 제공
- 전체 조직의 성과·자원·시장·인력개발·혁신과 변화·생산성에 대한 목표를 포함

④ 조직의 구조

24 조직	구성원들의 업무나 권한이 분명하게 정의된 조직
25 조직	의사결정권이 하부에 위임되고 업무가 고정적이지 않은 조직

정답   21. 인풋(Input)   22. 업무 프로세스(Process)   23. 아웃풋(Output)   24. 기계적
25. 유기적

⑤ 업무 프로세스

조직에 유입된 인풋 요소들이 최종 산출물로 만들어지기까지 구성원 간의 업무 흐름이 어떻게 연결되는지를 보여주는 것

⑥ **조직문화**

- 조직이 지속되면 조직 구성원들이　26 　　　　　　　(이)나 가치를 공유하게 되는 것
- 조직 구성원들의 사고·행동에 영향을 주며, 일체감·정체성을 부여하여 조직을 안정적으로 유지
- 최근 조직문화를 긍정적인 방향으로 조성하기 위한 경영층의 노력이 강조

⑦ **조직의 규칙과 규정**

- 조직의 목표나 전략에 따라 수립되어 조직 구성원들이 활동 범위를 제약하고　27 　　　　을/를 부여
- 조직이 구성원들의 행동을 관리하기 위해 규칙·절차에 의존하므로 공식화 정도에 따라 조직의 구조가 결정

정답 26. 생활양식　27. 일관성

4 조직의 변화

① 조직 변화의 의의

급변하는 환경에 맞춰 조직이 생존하려면 조직은 새로운 아이디어와 행동을 받아들이는 조직 변화에 적극적이어야 한다.

② 조직 변화의 과정

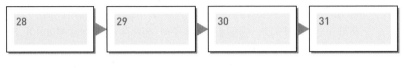

28	환경변화 중에 해당 조직에 영향을 미치는 변화를 인식하는 것
29	체계적으로 구체적인 추진 전략을 수립하고, 추진 전략별 우선순위를 마련함
30	수립된 조직 변화방향에 따라 조직을 변화시킴
31	조직 개혁의 진행 사항과 성과를 평가함

③ 조직 변화의 유형

32 · 33 의 변화	기존 제품, 서비스의 문제점을 인식하고 고객의 요구에 부응하기 위한 것으로, 고객을 늘리거나 새로운 시장을 확대하기 위한 변화
34 · 35 의 변화	조직의 목적 달성과 효율성 제고를 위해 조직 구조·경영 방식·각종 시스템 등을 개선함
36 의 변화	새로운 기술을 도입하는 것으로, 신기술이 발명되었을 때나 생산성을 높이기 위한 변화
37 의 변화	구성원들의 사고방식·가치체계를 변화시키는 것으로, 조직의 목적과 일치시키기 위해 문화를 유도함

정답 28. 환경변화 인지 29. 조직 변화방향 수립 30. 조직 변화 실행 31. 변화결과 평가
32. 제품 33. 서비스 34. 전략 35. 구조 36. 기술 37. 문화

1. 개인의 삶은 조직과 밀접하게 연관되어 있으며, 조직이란 두 사람 이상이 공동의 목표를 달성하기 위해 의식적으로 구성되어 상호작용 및 조정을 하는 행동의 집합체이다.

2. 직장은 일을 하는 데 필요한 물리적 장소이자 심리적 공간이다. 이 과정에서 만족감을 얻기도 하고, 좌절감을 경험하기도 한다.

3. 조직은 공식화 정도에 따라서 공식조직과 비공식조직으로 구분할 수 있다. 사기업과 같이 영리를 추구하는 영리조직, 정부조직과 같은 비영리조직으로도 구분할 수 있다. 또한 조직의 규모에 따라 소규모조직과 대규모조직으로 나눌 수 있다.

4. 조직은 외부로부터 끊임없이 영향을 받으며, 목적·체제·구조와 같은 다양한 요소로 구성된다. 따라서 업무를 수행함에 있어서 여러 국면에서의 조직을 이해해야 조직 전체의 경영효과를 높이는 데 기여할 수 있다.

5. 조직 전체의 체제에서 자신이 속한 위치를 확인할 수 있어야 한다. 따라서 체제를 구성하는 조직 목표·조직 구조·조직 문화·조직 규칙이나 규정을 이해하고, 전체 조직의 목적 달성에 합목적적으로 행동할 수 있어야 한다.

6. 환경의 변화에 따라 조직은 변화해야 생존할 수 있으므로 조직 변화에 영향을 미치는 환경변화를 인지하고, 조직 변화 방향을 수립하여 이를 평가하고 실행할 수 있어야 한다.

07

[02] 경영이해능력

❶ 경영의 의의

① 경영이란?

조직의 목적을 달성하기 위한 전략·관리·운영 활동 등을 의미하며, 조직은 목적 달성하기 위해 지속적인 관리와 운영이 요구된다.

② 경영의 4요소

1	조직의 목적을 어떤 과정과 방법을 통해 수행할 것인가를 제시함
2	조직에서 일하고 있는 임직원으로, 이들의 역량과 직무 수행능력에 따라 경영 성과가 달라짐
3	경영 활동에 사용할 수 있는 돈으로, 이윤 추구를 목적으로 하는 사기업에서 자금은 새로운 이윤을 창출하는 기초가 됨
4	기업 내 모든 인적·물적 자원을 경영 목적을 달성하기 위해 조직화하고, 이를 실행에 옮겨 경쟁우위를 달성하는 일련의 방침 및 활동

③ 경영의 과정

경영 5	조직의 미래상을 결정하고 이를 달성하기 위한 대안을 분석하며 목표 수립과 실행방안을 선정하는 과정
경영 6	조직 목적을 달성하기 위한 활동과 조직 구성원을 관리
경영 7	경영 실행에 대한 평가로, 수행결과를 감독하고 교정해 피드백

정답 1. 경영 목적 2. 조직 구성원 3. 자금 4. 경영 전략 5. 계획 6. 실행 7. 평가

2 경영 활동

① 경영 활동의 유형

외부 경영 활동	조직 외부에서 조직의 효과성을 높이기 위해 이루어지는 활동, 즉 외적 이윤 추구 활동을 말하며, 마케팅 활동이 이에 해당함
내부 경영 활동	조직 내부에서 자원 및 기술을 관리하는 것을 말하며, 인사·재무·생산 관리 가 이에 해당함

② 8

의의	근로자 또는 노동조합을 경영의 파트너로 인정하는 협력적 노사관계가 중시됨에 따라 이들을 경영의사결정 과정에 참여시키는 것
목적	경영의 민주성 제고, 노사 간의 세력 균형 추구, 새로운 아이디어 제시 또는 현장에 적합한 개선방안 마련, 경영의 효율성 향상, 노사 간 상호 신뢰 증진

Point 　경영의 과정

- 경영의 과정은 | 9 　　　　 | · | 10 　　　 | · | 11 　　　 | 의 단계로 이루어진다.
- | 9 　　　 | 단계에서는 조직의 미래상을 결정하고 목표를 수립한다.
- | 10 　　　 | 단계에서는 수립된 실행 방안에 따라 조직 목적 달성을 위한 관리활동 이 이루어진다.
- | 11 　　　 | 단계에서는 수행 결과를 감독하고 교정한다.

07

3 의사결정과정

① 12 ▨▨▨ 단계

의사결정이 필요한 문제를 인식하고 이를 진단하는 단계이다.

> • 문제의 중요도나 긴급도에 따라서 체계적으로 이루어지기도 하고, 비공식적으로 이루어지기도 한다.
> • 문제를 신속히 해결할 필요가 있는 경우에는 진단 시간을 줄이고 즉각 대응해야 한다.
> • 일반적으로는 다양한 문제를 리스트한 후 주요 문제를 선별하거나 문제의 증상을 리스트한 후 그러한 증상이 나타나는 근본 원인을 찾아야 한다.

② 13 ▨▨▨ 단계

확인된 문제의 해결방안을 모색하는 단계이다.

14	• 조직 내 기존 해결방법 중에서 새로운 문제의 해결방법을 찾는 과정 • 조직 내 관련자와의 대화나 공식적인 문서 등을 참고
15	• 이전에 없었던 새로운 문제의 경우 이에 대한 해결안을 설계 • 시행착오적 과정을 거치면서 적합한 해결방법 모색

③ 16 ▨▨▨ 단계

실행 가능한 해결안을 선택하는 단계이다.

17	한 사람의 의사결정권자의 판단에 의한 선택
18	경영과학기법과 같은 분석에 의한 선택
19	이해관계집단의 토의와 교섭에 의한 선택
20	해결방안 선택 후에 조직 내에서 공식적인 승인 절차를 거친 다음 실행

정답 12. 확인 13. 개발 14. 탐색 15. 설계 16. 선택 17. 판단 18. 분석 19. 교섭 20. 승인

4 21 〇〇〇〇〇〇〇〇

① 21 〇〇〇〇〇〇 **의 특징**

> - 한 사람보다 집단이 가지고 있는 지식과 정보가 더 많으므로 집단의 의사결정이 더 효과적이다.
> - 다양한 집단 구성원이 각자 다른 시각에서 문제를 바라보므로 다양한 견해를 가지고 접근할 수 있다.
> - 집단의사결정을 할 경우 결정된 사항에 대해 의사결정에 참여한 사람들이 해결책을 수월하게 수용하고, 의사소통의 기회도 향상된다.
> - 의견이 불일치하는 경우 의사결정을 내리는 데 시간이 많이 소요된다.
> - 특정 구성원에 의해 의사결정이 독점될 가능성이 있다.

② 22 〇〇〇〇〇〇 **의 의의**

여러 명이 한 가지의 문제를 놓고 아이디어를 비판 없이 제시해 그중에서 최선책을 찾아내는 방법을 말한다.

③ 22 〇〇〇〇〇〇 **의 규칙**

> - 다른 사람이 아이디어를 제시할 때에는 비판하지 않는다.
> - 문제에 대한 제안은 자유롭게 이루어질 수 있다.
> - 아이디어는 많이 나올수록 좋다.
> - 모든 아이디어들이 제안되고 나면 이를 결합하여 해결책을 마련한다.

④ 23 〇〇〇〇〇〇〇〇

구두로 의견을 교환하는 브레인스토밍과 달리 포스트잇 같은 메모지에 의견을 적은 다음 메모된 내용을 차례대로 공유하는 방법을 말한다.

5 경영 전략

① 경영 전략의 개념

조직이 환경에 적응해 목표를 달성할 수 있도록 경영 활동을 체계화하는 수단을 말한다.

② 본원적 경쟁 전략(Michael E. Porter)

24	• 원가를 절감해 해당 산업에서 우위를 점하는 전략 • 대량생산을 통해 원가를 낮추거나 새로운 생산 기술을 개발해야 함
25	• 생산품과 서비스를 차별화해 고객에게 가치 있게 인식되도록 하는 전략 • 연구·개발·광고를 통해 기술·품질·서비스·브랜드 이미지를 개선해야 함
26	• 특정 시장과 고객에게 한정된 전략 • 경쟁 조직들이 소홀히 하고 있는 시장을 집중적으로 공략함

전략적 우위 요소

	고객들이 인식하는 제품의 특성	원가우위
산업 전체 전략적 목표	차별화	원가우위
산업의 특정 부문	집중화 [(차별화)+(집중화)]	[(원가우위)+(집중화)]

Point 경영 전략

* 조직 전략 : 조직의 사명을 정의함
* 사업 전략 : 사업 수준에서 각 사업의 경쟁적 우위를 점하기 위한 방향을 다룸
* 부문 전략 : 기능부서별로 사업 전략을 구체화해 세부적인 수행 방법을 결정함

정답 24. 원가우위 전략 25. 차별화 전략 26. 집중화 전략

1. 경영이란 조직의 목적을 달성하기 위한 전략·관리·운영활동으로, 특정 조직에게 적합한 특수경영과 조직의 특성에 관계없이 적용할 수 있는 일반경영으로 분류할 수 있다. 경영은 목적·구성원·자금·전략의 4요소로 구성되며 경영 계획, 경영 실행, 경영 평가의 단계를 거친다.

2. 조직의 구성원들은 경영참가제도를 통해 조직의 경영의사결정 과정에 참여할 수 있다. 경영참가제도는 경영의 민주성을 제고하고, 현장에 적합한 해결방안을 마련할 수 있다는 장점이 있다.

3. 조직의 의사결정과정은 개인의 의사결정에 비해 복잡하며 불확실한 환경에서 이루어지는 경우가 많다. 조직의 의사결정과정에서 혁신적인 결정뿐만 아니라 점진적인 개선을 위한 의사결정을 내리는 경우가 많다.

4. 점진적 의사결정모형을 활용하여 확인 단계(의사결정이 필요한 문제를 확인하는 단계와 주요 문제나 근본 원인을 도출하기 위한 정보를 얻는 진단 단계), 개발 단계(조직 내 기존 해결방법을 찾는 탐색 단계와 새로운 문제에 대한 해결안을 설계하는 설계 단계), 선택 단계(실행가능한 해결안을 선택하고 이를 승인하는 단계)의 순서로 의사결정을 내릴 수 있다.

5. 경영 전략은 조직이 변화하는 환경에 적응하기 위하여 경영 활동을 체계화하는 것으로, 목표달성을 위한 수단이 된다. 경영 전략의 추진과정은 전략목표를 설정하고, 내·외부 환경을 분석하며, 경영 전략을 도출하고, 이를 실행·평가하는 과정으로 이루어진다.

6. 경영 전략 중 해당 사업에서 경쟁우위를 확보하기 위한 본원적 경쟁 전략은 원가절감을 통해 우위를 점하는 원가우위 전략, 생산품이나 제품의 차별화를 통한 차별화 전략, 특정 산업을 대상으로 하는 집중화 전략으로 이루어진다.

07

1 조직 목표

① 조직 목표의 개념

조직이 달성하려는 장래의 상태로, 미래지향적이지만 현재 조직 행동의 방향을 결정하는 역할을 한다.

② 조직 목표의 기능

- 조직이 존재하는 1 _____ 와/과 2 _____ 제공
- 조직이 나아가야 할 3 _____ 제시
- 조직 구성원 의사결정의 4 _____
- 조직 구성원 행동 수행의 5 _____
- 수행평가의 기준
- 조직설계의 기준

③ 조직 목표의 특징

- 6 _____ 와/과 7 _____ 이/가 다를 수 있음
- 8 _____ 의 조직 목표 추구 가능
- 조직 목표 간 9 _____ 상호관계가 있음
- 10 _____ 속성
- 조직의 구성요소와 상호관계를 가짐

④ 목표에 영향을 미치는 요인

내적 요인	조직 리더의 결단이나 태도 변화, 조직 내 권력 구조의 변화 등
외적 요인	경쟁업체의 변화, 자원의 변화, 경제 정책의 변화 등

정답 1. 정당성 2. 합법성 3. 방향 4. 기준 5. 동기 유발 6. 공식적 목표 7. 실제적 목표
8. 다수 9. 위계적 10. 가변적

⑤ 조직 목표의 분류(R. L. Daft)

11	영리 조직은 수익성, 사회복지기관은 서비스 제공과 같은 조직의 성장 목표
12	조직에 필요한 재료와 재무 자원을 획득하는 것
13	시장점유율, 시장에서의 지위 향상 등의 조직 목표
14	조직 구성원에 대한 교육·훈련·승진·성장 등에 대한 목표
15 와/과 16	불확실한 환경 변화에 대한 적응 가능성, 내부의 유연성 향상
17	투입된 자원에 대비한 산출량을 높이기 위한 목표, 단위생산비용, 1인당 생산량 및 투입비용 산출

> **Point** 조직 목표
>
> - 조직은 다수의 목표를 추구할 수 있다.
> - 조직 목표는 조직 구성원들의 의사결정 기준이 된다.
> - 조직 목표는 환경이나 조직 내에서 다양하나, 원인들에 의해 변동되거나 없어지기도 한다.
> - 조직 사명은 공식적이고 장기적인 목표이다.

정답 11. 전체 성과 12. 자원 13. 시장 14. 인력 개발 15. 혁신 16. 변화 17. 생산성

2 조직 구조

① 조직 구조의 이해

② 조직 구조의 결정 요인

18	• 조직의 목적을 달성하기 위해 수립한 계획 • 조직이 자원을 배분하고 경쟁적 우위를 달성하기 위한 주요 방침
19	• 대규모조직은 소규모조직에 비해 업무가 전문화·분화되어 있고 많은 규칙과 규정이 존재
20	• 조직이 투입 요소를 산출물로 전환시키는 지식·기계·절차 등을 의미 • 소량생산 기술은 유기적 조직, 대량생산 기술은 기계적 조직과 연결
21	• 안정적이고 확실한 환경에서는 기계적 조직, 급변하는 환경에서는 유기적 조직이 적합

③ 조직 구조의 유형

22 조직	• 구성원들의 업무가 분명하게 정의됨 • 다수의 규칙과 규제가 존재함 • 상하 간 의사소통이 공식적인 경로를 통해 이루어짐 • 위계질서가 엄격함
23 조직	• 의사결정 권한이 하부 구성원들에게 많이 위임됨 • 업무가 고정되지 않고 공유 가능 • 비공식적인 의사소통이 원활함 • 규제나 통제의 정도가 낮음

정답 18. 전략 19. 규모 20. 기술 21. 환경 22. 기계적 23. 유기적

3 조직 구조의 형태

① <u>24</u> **조직 구조**

- 최상층에 <u>25</u> 이/가 위치하고, 구성원들이 단계적으로 배열되는 구조
- 환경이 안정되었거나 일상적인 기술을 사용하는 경우에 유리함
- 기업의 규모가 작을 때 업무의 내용이 유사한 것들을 결합

② <u>26</u> **조직 구조**

- 환경 변화에 효과적으로 대응하고 제품·지역 등의 차이에 <u>27</u> 하게 적응하기 위함
- 의사결정이 <u>28</u> 되어 이루어짐
- 개별 제품·서비스·프로젝트 등에 따라 조직화됨

07

정답 24. 기능적 25. 최고경영자(CEO) 26. 사업별 27. 신속 28. 분권화

4 조직 내 집단

① 집단의 유형

29 **인** **집단**	• 조직의 공식적인 목표를 추구하기 위해 만든 집단 • 목표·임무가 명확하게 규정 • 참여하는 구성원들도 인위적으로 결정 예 각종 위원회, 임무 수행을 위한 태스크포스
30 **인** **집단**	• 조직 구성원들의 요구에 따라 자발적으로 형성된 집단 • 공식적인 업무 이외의 다양한 요구에 의해 이루어짐 예 스터디 모임, 봉사활동 동아리, 각종 친목회

② 집단 간 경쟁

조직 내의 한정된 자원을 더 많이 가지려 하거나 서로 상반되는 목표를 추구하기 때문에 발생하게 된다.

순기능	집단 내부에서는 **31** 이/가 강화되고, 집단의 활동이 더욱 조직화됨
역기능	경쟁이 과열되면 **32** · **33** · **34** 등의 문제가 발생

③ 35

> • 구성원들이 공동의 목표를 이루기 위해 기술을 공유하고 공동으로 책임을 지는 집단
> • 상호 공동 책임을 중요시하나, 자율성을 가지고 스스로 관리하는 경향이 강함
> • 생산성을 높이고 의사를 신속하게 결정하며 창의성 향상을 도모하기 위해 구성
> • 조직 구성원들의 협력과 관리자층의 지지가 필수적임

정답 29. 공식적 30. 비공식적 31. 응집성 32. 자원의 낭비 33. 업무 방해 34. 비능률
35. 팀

1. 조직 목표는 조직이 달성하려는 장래의 상태로, 미래지향적이지만 현재의 조직 행동의 방향을 결정해 주는 역할을 한다. 조직 목표는 다수일 수 있으며, 이들 사이에는 위계적 관계가 있다. 이러한 조직의 목표는 조직 전체의 성과·자원·시장·인력개발·혁신과 변화·생산성 측면에서 분류될 수 있다.

2. 업무를 수행할 때, 자신에게 주어진 업무를 혼자서 진행할 수는 없으며 조직 구성원들과 상호작용해야 한다. 조직 구조는 조직 내의 부문 사이에 형성된 관계로, 조직 목표를 달성하기 위한 조직 구성원들의 유형화된 상호작용과 이에 영향을 미치는 매개체이다.

3. 조직 구조에는 조직의 전략과 규모·기술·환경 등이 영향을 미친다. 이에 따라 기계적 조직과 유기적 조직으로 조직 구조가 구분되고, 조직 활동의 결과로서 조직성과와 만족을 가져온다. 조직은 환경의 변화에 적절하게 대응해야 하므로 환경에 따라 조직의 구조가 달라질 수 있으며, 오늘날과 같은 급변하는 환경에서는 유기적 조직이 적합하다.

4. 조직 구성원은 조직 내에 여러 집단에 소속된다. 집단은 조직 구성원들이 모여서 일정한 상호작용의 체제를 이룰 때에 형성된다. 집단에는 공식적 집단과 비공식적 집단이 있으며, 관련 집단들은 원활한 상호작용을 위해 노력해야 한다.

07

1 업무의 의의와 특성

① 업무의 의의

상품이나 서비스를 창출하기 위한 생산적인 활동으로, 조직의 목적 달성을 위한 근거가 된다.

② 업무의 특성

1	업무는 조직 목적의 효과적 달성을 위해 세분화된 것이므로 궁극적으로 같은 목적을 지향한다.
2	개인이 선호하는 업무를 임의로 선택할 수 있는 재량권이 적다.
3	업무는 서로 독립적으로 이루어지지만, 업무 간에는 서열이 있어서 순차적으로 이루어지기도 하며, 서로 정보를 주고 받기도 한다.
4	구성원들이 업무를 공적으로 수행할 수 있는 힘을 말하며, 구성원들은 이에 따라 자신이 수행한 일에 대한 책임도 부여받는다.

③ 실제 업무의 예시

부서	업무 예시
5	주주총회 및 이사회 개최 관련 업무, 집기·비품 및 소모품의 구입과 관리, 사무실 임차 및 관리, 차량 및 통신시설의 운영, 국·내외 출장 업무 협조, 복리후생 업무
6	조직 기구의 개편 및 조정, 업무분장 및 조정, 인력 수급 계획 및 관리, 직무 및 정원의 조정 종합, 노사 관리, 평가 관리, 상벌 관리, 인사 발령, 교육 체계 수립 및 관리, 임금 제도, 복리후생 제도 및 지원 업무, 복무 관리, 퇴직 관리
7	경영 계획 및 전략 수립, 전사 기획 업무 종합 및 조정, 중장기 사업 계획의 종합 및 조정, 경영 정보 조사 및 기획 보고, 경영 진단 업무, 종합예산 수립 및 실적 관리, 단기 사업 계획 종합 및 조정, 사업 계획, 손익 추정, 실적 관리 및 분석
8	회계 제도의 유지 및 관리, 재무 상태 및 경영 실적 보고, 결산 관련 업무, 재무제표 분석 및 보고, 법인세·부가가치세·국세·지방세 업무 자문 및 지원
9	판매 계획, 판매 예산의 편성, 시장조사, 광고 선전, 견적 및 계약, 제조지시서의 발행, 외상매출금의 청구 및 회수, 제품의 재고 조절, 거래처로부터의 불만 처리

정답 1. 공통된 목적 지향 2. 적은 재량권 3. 다른 업무와의 관련성 4. 업무 권한 5. 총무부
6. 인사부 7. 기획부 8. 회계부 9. 영업부

2 업무 수행 계획 수립의 절차

① 10

- 개인이 임의로 업무를 수행하지 않고 조직의 목적에 적절할 수 있도록 안내
- 업무 지침을 토대로 작성하는 개인의 업무 지침은 업무 수행의 준거가 됨
- 개인의 업무 지침 작성 시에는 조직의 업무 지침, 장·단기 목표, 경영 전략 등을 고려
- 개인의 업무 지침은 3개월에 한 번 정도로 지속적인 개정이 필요

② 11

- 물적자원과 인적자원 등의 업무 관련 자원을 확인
- 자원은 무한정하지 않으므로 효과적인 활용이 필요
- 업무 수행에 필요한 지식과 기술이 부족하면 이를 함양하기 위한 계획의 수립이 필요

③ 12

- 구체적인 업무 수행 계획을 수립하여 가시적으로 나타냄
- 주어진 시간 내에 일을 끝낼 수 있게 동기부여
- 단계별로 협조를 구해야 할 사항과 처리해야 할 일을 체계적으로 알 수 있음
- 문제 발생 시 발생 지점을 정확히 파악할 수 있음

10	11	12
• 조직의 업무 지침 • 나의 업무 지침	• 시간 • 예산 • 기술 • 인간관계	• 간트 차트 • 워크플로 시트 • 체크리스트

정답 10. 업무 지침 확인 11. 활용 자원 확인 12. 업무 수행 시트 작성

3 업무 수행 시트의 종류

① 13

단계별로 업무를 시작해서 끝내는 데 걸리는 시간을 바 형식으로 표시한다. 전체 일정을 한눈에 볼 수 있고, 단계별로 소요되는 시간과 각 업무활동 사이의 관계를 파악할 수 있다.

업무		6월	7월	8월	9월
설계	자료 수집				
	기본 설계				
	타당성 조사 및 실시 설계				
시공	시공				
	결과 보고				

② 14

일의 흐름을 동적으로 보여주는 데 효과적이며, 사용되는 도형을 다르게 표현함으로써 각각의 작업의 특성을 구분하여 표현할 수 있다.

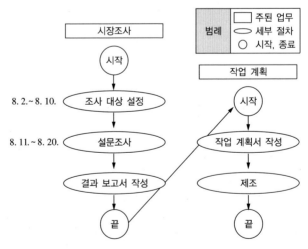

정답 13. 간트 차트 14. 워크플로 시트

③ 15

업무의 각 단계를 효과적으로 수행했는지 자가 점검해 볼 수 있다. 시간의 흐름을 표현할 때는 한계가 있지만, 업무를 세부적인 활동들로 나누고 활동별로 기대되는 수행 수준을 달성했는지를 확인하는 데 효과적이다.

업무		체크	
		YES	NO
고객관리	고객 대장을 정비했는가?		
	3개월에 한 번씩 고객 구매 데이터를 분석했는가?		
	고객의 청구 내용 문의에 정확하게 응대했는가?		
	고객 데이터를 분석해 판매 촉진 기획에 활용했는가?		

1. 조직 구성원은 업무를 수행하여 조직의 목적을 달성한다. 업무는 조직의 목적이
   나 규모에 따라 다양하게 구성될 수 있고, 다양한 특성을 가진다.

2. 조직 구성원은 공통된 조직의 목적을 지향하고, 조직문화를 공유하거나 조직문
   화의 영향을 받지만, 업무에서 요구되는 지식, 기술 및 도구가 다르다. 또한 업
   무는 다른 업무와의 관계에서의 독립성, 업무 수행의 자율성이 각각 다르다.
   따라서 자신에게 주어진 업무의 특성이 무엇인지를 알고 이에 따라 효과적으로
   업무를 수행해야 한다.

3. 업무를 효과적으로 수행하기 위해서는 사전에 계획을 수립할 필요가 있다. 먼저
   조직과 나의 업무 지침을 확인하고, 업무 수행에 활용할 수 있는 자원과 보완해
   야 할 자원으로 시간, 예산, 기술 및 인간관계를 확인한다. 그리고 이를 토대로
   구체적인 업무 수행 시트를 작성한다.

4. 업무를 수행하다 보면 아무리 계획을 체계적으로 세웠다고 하더라도 여러 방해
   요소를 경험하게 된다. 이러한 방해요인은 잘 활용하면 오히려 도움이 되는 경
   우도 있으므로 자신의 업무에 방해요소로 작용하는 것들이 무엇인지를 확인하
   고 이를 효과적으로 통제하고 관리할 필요가 있다.

5. 업무의 방해요소 중 방문, 인터넷, 전화, 메신저 등과 같은 문제를 해결하기 위
   해서는 시간을 정해 놓는 등 방해를 받지 않기 위한 자신만의 원칙을 설정할
   필요가 있다. 또한 조직 내 갈등이 발생하는 경우 대화와 협상으로 이를 해결하
   고, 적정 수준의 스트레스는 사람을 자극하여 개인의 능력을 개선하고 최적의
   성과를 내게 해 주므로 업무 스트레스를 적절히 관리하도록 한다.

[05] 국제감각

1 국제감각이란?

① 국제감각의 의의

업무를 하는 중에 다른 나라의 문화를 이해하고 국제적인 동향을 이해하는 능력을 말한다.

② 1   의 의의

활동 범위가 세계로 확대되는 것으로, 경제나 산업 등의 측면에서 벗어나 문화나 정치 등 다른 영역까지 확대되는 개념을 말한다.

③ 1   에 따른 변화

세계적인 경제 통합	• 신기술을 확보한 기업이 국경을 넘어 확장 • 다국적 기업의 증가에 따른 국가 간 경제 통합 강화
2 체결	• 무역장벽을 없애기 위한 노력

④ 3

> • 세계를 하나의 공동체로 인식하고, 문화적 배경이 다른 사람과의 커뮤니케이션을 위해 각 국가의 문화적 특징 등에 적응할 수 있는 능력
> • 특히 자신의 업무에 대한 국제동향을 파악하고 이를 적용할 수 있는 능력

Point 국제감각

• 국제감각은 단순히 외국어만을 잘하는 것이 아니라 다른 나라 사람과의 효과적인 커뮤니케이션을 위해 다른 나라의 문화적 특징을 이해하는 것을 의미한다.
• 국제감각은 4   이/가 진행됨에 따라 중요한 능력이 되고 있다.
• 국제감각은 자신의 업무에 대한 국제적인 동향을 파악하고 이를 적용할 수 있는 능력을 의미한다.

정답 1. 글로벌화 2. FTA 3. 국제적 식견 4. 세계화

2 외국인과의 커뮤니케이션

① 5

> • 한 문화권에 속한 사람이 다른 문화를 접하게 되었을 때 체험하는 충격이다.
> • 상대문화를 이질적으로 대하게 되고 위화감·심리적 부적응 상태를 경험하게 된다.
> • 문화충격에 대비하려면 다른 문화에 대해 개방적인 태도를 견지해야 한다.
> • 자신의 기준으로 다른 문화를 평가하지 않되, 자신의 정체성은 유지해야 한다.

② 6

7 커뮤니케이션	• 언어를 통해 의사소통하는 것으로, 상대방에게 의사를 전달할 때 직접적으로 이용되는 것이다. • 외국어 사용능력과 직결된다.
8 커뮤니케이션	• 생활양식·행동규범 등을 통해 상대방과 의사소통하는 것이다. • 외국어 능력이 유창해도 문화적 배경을 잘 모르면 언어에 내포된 의미를 오해하거나 수용하지 못할 수 있다.

③ 국제동향의 파악

> • 관련 분야의 해외 사이트에서 최신 이슈를 확인한다.
> • 매일 신문의 국제면을 읽는다.
> • 업무에 대한 국제 잡지를 정기구독한다.
> • 고용노동부, 한국산업인력공단, 산업통상자원부, 중소벤처기업부, 대한상공회의소, 산업별 인적자원개발위원회 등의 사이트를 방문해 국제동향을 확인한다.
> • 국제 학술대회에 참석한다.
> • 업무에 대한 주요 용어의 외국어를 알아둔다.
> • 해외 서점 사이트를 방문해 최신 서적 목록과 주요 내용을 파악한다.
> • 외국인 친구를 사귀고 대화를 자주 나눈다.

정답 5. 문화충격(Culture Shock) 6. 이문화(Intercultural) 커뮤니케이션 7. 언어적
8. 비언어적

1. 글로벌화는 활동 범위가 세계로 확대되는 것으로, 조직은 세계시장에서 경쟁하고 살아남아야 하는 역량을 가져야 한다. 최근에는 다국적 기업이 등장하면서 범지구적 시스템과 네트워크 안에서 기업 활동이 이루어지는 국제경영이 중요시되고 있다.

2. 조직의 시장이 세계로 확대되는 것에 맞춰 의식과 태도, 행동도 세계수준에 이르러야 한다. 따라서 다른 나라의 문화를 이해하고 국제동향을 이해하며, 이를 업무에 활용하는 국제감각을 키워야 한다.

3. 국제동향을 파악해서 업무에 적용할 수 있는 방법으로는 관련 분야의 해외 사이트에 주기적으로 방문하기, 신문의 국제면 읽기, 국제 잡지 구독하기, 해외 서점 사이트에서 최신 서적 확인하기 등이 있다.

4. 사람들은 하나의 문화권에 속한 사람이 다른 문화를 접하게 되었을 때 불일치, 위화감, 심리적 부적응과 같은 문화충격을 경험하게 된다. 문화충격에 대비하기 위해서 자신의 정체성은 유지하되, 다른 문화에 대한 개방적인 태도를 견지하고 새롭고 다른 것을 경험하는 데 적극적인 자세를 가져야 한다.

5. 외국인과 함께 일하는 국제비즈니스에서 조직의 목적을 달성하기 위해 문화배경을 달리하는 사람과 커뮤니케이션을 하는 이문화 커뮤니케이션을 해야 한다. 이문화 커뮤니케이션은 언어적 커뮤니케이션, 비언어적 커뮤니케이션으로 이루어진다.

6. 조직을 대표해서 외국에 파견된 사람들의 실수는 조직 전체의 모습으로 비춰지고, 이는 업무성과에 큰 영향을 미치게 된다. 따라서 나라별 주요 국제매너를 숙지할 필요가 있다.

07

MEMO

PART 08

대인관계능력

[01] 대인관계능력의 의의

■ 대인관계능력이란?

① 대인관계능력의 의의와 중요성
　㉠ 대인관계능력의 의의
　　타인과 협조적인 관계를 유지하고, 조직 내·외부의 갈등을 원만히 해결하며, 고객의 욕구를 충족시켜 줄 수 있는 능력을 말한다.
　㉡ 대인관계능력의 중요성
　　일의 규모가 커진 현실에서 혼자서 어떤 일을 하기란 매우 힘들다. 그러므로 대인관계를 원활히 유지하고 개발하는 것이 중요하다.

② 대인관계능력의 하위능력

종류	내용
1	다른 구성원들과 목표를 공유하고 원만한 관계를 유지하며, 책임감 있게 업무를 수행하는 능력
2	조직 구성원들의 업무 향상에 도움을 주며 동기화시킬 수 있고, 조직의 목표 및 비전을 제시할 수 있는 능력
3	직장생활에서 조직 구성원 사이에 갈등이 발생하였을 경우 이를 원만히 조절하는 능력
4	직장생활에서 협상 가능한 목표를 세우고 상황에 맞는 협상 전략을 선택하여 다른 사람과 협상하는 능력
5	고객서비스에 대한 이해를 바탕으로 현장에서 다양한 고객에 대처하고 고객만족을 이끌어낼 수 있는 능력

정답　1. 팀워크능력　2. 리더십능력　3. 갈등관리능력　4. 협상능력　5. 고객서비스능력

2 대인관계 양식의 유형과 특징

유형	특징
6	• 대인관계에 자신 있으며 자기주장이 강하고 주도권을 행사함 • 지도력과 추진력이 있음 • 강압적·독단적·논쟁적이어서 마찰이 발생할 가능성이 높음 • 지시에 순종하지 않고 거만하게 보임
7	• 이해관계에 예민하며 성취지향적 • 자기중심적·경쟁적이며, 이익을 우선시함 → 타인에 대한 관심과 배려 부족 • 타인을 신뢰하지 못함 • 불공평한 대우에 예민함
8	• 이성적이고 냉철하며, 의지가 강하고 타인과 거리를 둠 • 타인의 감정에 무관심함 • 긍정적인 감정 표현을 어려워 함 • 오랜 기간 깊게 사귀기 어려움
9	• 혼자 일하는 것을 좋아하며 감정을 드러내지 않음 • 사회적 상황을 회피하며 감정을 지나치게 억제함 • 침울하고 우유부단하여 고립될 가능성이 있음
10	• 수동적이고 의존적임 • 자신감이 낮고 주목받는 일을 피함 • 자신의 의사를 전달하기 어려워 함 • 상급자의 위치에서 일하는 것에 부담을 느낌
11	• 단순하고 솔직하며, 너그럽고 겸손함 • 주관 없이 끌려 다니기 쉬움 → 이용당할 가능성이 높음 • 원치 않을 때에도 타인의 의견에 반대하지 못함
12	• 타인을 배려하며 자기희생적 태도 • 요구를 잘 거절하지 못하고 타인의 필요를 자신보다 앞세움 • 타인과의 정서적 거리 유지 노력 • 본인의 이익도 중요함을 인식
13	• 외향적, 인정받고자 하는 욕구 • 타인에게 간섭하는 경향 • 흥분, 충동적 성향 • 개인적인 일을 타인에게 너무 알리는 경향 • 자신의 내면적 생활에 관심을 가지고, 인정받고자 하는 욕구에 대해 성찰할 필요가 있음

08

정답 6. 지배형 7. 실리형 8. 냉담형 9. 고립형 10. 복종형 11. 순박형 12. 친화형 13. 사교형

1. 대인관계능력이란 타인과 협조적인 관계를 유지하고, 조직 내부 및 외부의 갈등을 원만히 해결하며, 고객의 요구를 충족시켜 줄 수 있는 능력이다.

2. 대인관계를 형성할 때 가장 중요한 요소는 무엇을 말하느냐, 어떻게 행동하느냐보다는 우리의 사람됨이라 할 수 있다. 대인관계에서 정말로 중요한 기법이나 기술은 독립적인 성품으로부터 자연스럽게 나오는 것이다.

3. 대인관계 향상이란 인간관계에서 구축하는 신뢰의 정도를 높이는 것을 의미한다. 다른 사람을 공손하고 친절하게 대하며, 정직하고 약속을 잘 지킨다면 신뢰를 높이는 셈이 된다.

4. 대인관계를 향상시키는 주요 방법에는 상대방에 대한 이해와 배려, 사소한 일에 대한 관심, 칭찬하고 감사하는 마음, 약속의 이행 및 언행일치, 진지한 사과가 있다.

5. 대인관계를 잘 형성하고 유지하기 위해서는 다양한 대인관계 양식에 대한 이해가 필요하다. 대인관계의 유형에는 지배형, 실리형, 냉담형, 고립형, 복종형, 순박형, 친화형, 사교형이 있다.

[02] 팀워크능력

1 팀워크의 의의와 특징

① 팀워크란 무엇인가?

&#12займ; 팀워크의 정의

'Team'과 'Work'의 합성어로, 팀 구성원이 공동의 목적을 달성하기 위해 상호 협력해 업무를 수행하는 것을 말한다.

&#12japan; 1 _____ 와/과 2 _____ 의 차이

1	2
구성원이 공동의 목적을 달성하기 위해 상호 관계성을 가지고 서로 협력해 업무를 수행하는 것	사람들로 하여금 집단에 머물도록 하고, 그 집단의 구성원으로 계속 남아 있기를 원하게 만드는 힘

&#12japan; 팀워크의 유형

협력·통제·자율 세 가지 기제를 통해 구분되는데, 조직이나 팀의 목적, 추구하는 사업 분야에 따라 서로 다른 유형의 팀워크를 필요로 한다.

② 효과적인 팀의 특징

- 명확하게 기술된 사명과 목표
- 결과에 초점
- 조직화
- 리더십 역량 공유
- 의견의 불일치를 건설적으로 해결
- 객관적인 의사결정
- 창조적인 운영
- 역할과 책임의 명료화
- 개인의 강점 활용
- 팀 풍토 발전
- 개방적인 의사소통
- 팀 자체의 효과성 평가

08

정답 1. 팀워크 2. 응집력

① 3   의 의의

리더를 따르는 것으로, 따르는 사람들은 헌신, 전문성, 용기, 정직하고 현명한 평가 능력, 융화력, 겸손함이 있어야 하며, 리더의 결점이 보일 때도 덮어주는 아량도 있어야 한다. 리더십과 팔로워십은 상호 보완적이며, 필수적인 관계를 이룬다.

② 3   의 유형

구분	자아상	동료 / 리더의 시각	조직에 대한 자신의 느낌
4	• 자립적 • 일부러 반대의견 제시 • 조직의 양심	• 냉소적 • 부정적 • 고집이 셈	• 자신을 인정하지 않음 • 적절한 보상의 부재 • 불공정하며 문제가 있음
5	• 기쁜 마음으로 과업수행 • 팀 플레이 • 리더나 조직을 믿고 헌신	• 아이디어 없음 • 인기 없는 일은 하지 않음 • 조직을 위해 자신과 가족의 요구를 양보	• 기존 질서 존중 • 리더의 의견을 거스르지 못함 • 획일적인 태도
6	• 조직의 운영방침에 민감 • 균형 잡힌 시각 • 규정과 규칙	• 개인의 이익 극대화 • 적당한 열의와 평범한 수완	• 규정 준수 강조 • 명령과 계획의 잦은 변경 • 리더와 부하 간의 비인간적 풍토
7	• 리더에 의존 • 지시에 의한 행동	• 제 몫을 하지 못함 • 감독이 반드시 필요	• 조직이 자신의 아이디어를 원치 않음 • 노력과 공헌은 소용없음 • 리더는 마음대로 함
8	가장 이상적인 유형		

3 팀워크의 촉진 방법

① 팀의 문제 발생 징후

- 불평·불만 증가
- 팀원들 간의 적대감이나 갈등
- 할당된 임무와 관계에 대한 혼동
- 냉담과 전반적 관심 부족

- 제안과 혁신 또는 효율적인 문제해결의 부재
- 비효율적인 회의
- 리더에 대한 높은 의존도

② 건설적 피드백

9	해당 팀원으로 하여금 업무 수행이나 근무태도의 특정 사안에 대해 시정해야 할 부분이 있음을 알게 하는 것으로, 업무목표 달성에 대한 경우나 자신이 해야 할 일이 아닌 업무를 하고 있을 때 문제를 제기하는 단계
10	업무 수행과 근무태도가 부서에 미치는 영향에 대해 기술하고, 상호 이해에 도달함으로써 해당 팀원이 무엇이 문제인지를 알게 하는 단계
11	바람직한 결과를 끌어내기 위해서 해당 팀원이 현재 상황을 개선할 수 있도록 행동을 취하게 하는 단계

③ 갈등의 해결

㉠ 성공적으로 운영되는 팀은 갈등의 해결에 능숙하다. 효과적인 갈등관리로 혼란과 내분을 방지하고, 팀 진전 과정에서의 방해 요소를 미리 없앤다.

㉡ 팀원 사이의 갈등을 발견하면 제3자로서 신속히 개입해 중재해야 한다.

08

④ 훌륭한 결정이 되기 위해서 고려해야 할 두 가지 측면

12	• 쟁점의 모든 측면을 다루었는가? • 모든 팀원과 협의하였는가? • 추가 정보나 조언을 얻기 위해 팀 외부와 협의할 필요가 있는가?
13	• 모든 팀원이 결정에 동의하였는가? • 팀원들은 결정을 실행함에 있어서 각자의 역할을 이해하고 있는가? • 팀원들은 결정을 열성적으로 실행하고자 하는가?

정답 9. 문제 제기 10. 상황 이해 11. 문제 해결 12. 결정의 질 13. 구성원의 참여

1. 팀워크란 팀 구성원이 공동의 목적을 달성하기 위하여 상호 관계성을 가지고 협력하여 업무를 수행하는 것을 말한다.

2. 효과적인 팀은 ❶ 팀의 사명과 목표를 명확하게 기술, ❷ 창조적인 운영, ❸ 결과에 초점을 맞춤, ❹ 역할과 책임의 명료화, ❺ 조직화, ❻ 개인의 강점을 활용, ❼ 리더십 역량을 공유, ❽ 팀 풍토를 발전, ❾ 의견의 불일치를 건설적으로 해결, ❿ 개방적인 의사소통, ⓫ 객관적인 의사소통, ⓬ 팀 자체의 효과성 평가 등의 특성을 지닌다.

3. 팔로워십(Followership)은 부하로서의 바람직한 특성과 행동을 의미한다. 일반적으로 건강한 부하는 상사가 바람직한 리더십을 발휘하도록 유도하고 지원해야 하며, 상사에게 동의할 뿐만 아니라 건전한 비판도 함께 해야 한다. 그렇기 때문에 팔로워들은 헌신, 전문성, 용기, 정직하고 현명한 평가 능력 등이 있어야 한다.

4. 팀워크를 촉진시키기 위해서는 ❶ 동료 피드백 장려하기, ❷ 갈등을 해결하기, ❸ 창의력 조성을 위해 협력하기, ❹ 참여적으로 의사결정하기 등의 요소가 필요하다.

[03] 리더십능력

① 리더십의 의의

① 리더십의 의의

모든 조직 구성원이 각자의 위치에서 가질 수 있는 것으로, 조직의 공통된 목적을 달성하기 위하여 리더가 조직원들에게 행사하는 영향력을 의미한다.

② 리더십에 대한 일반적인 정의 · 개념

- 조직 구성원들로 하여금 조직의 목표를 위해 자발적으로 노력하도록 영향을 주는 행위
- 모든 조직 구성원들에게 요구되는 역량
- 자신의 주장을 소신 있게 나타내고 다른 사람들을 격려하는 힘

③ ⎡1⎦ 와/과 ⎡2⎦ 의 차이

1	2
• 새로운 상황 창조자	• 상황에 수동적
• 혁신지향적	• 유지지향적
• '내일'에 초점을 맞춘다.	• '오늘'에 초점을 맞춘다.
• 사람을 중시한다.	• 체제나 기구를 중시한다.
• 정신적	• 기계적
• 계산된 위험(Risk)을 취한다.	• 위험(Risk)을 회피한다.
• '무엇을 할까?'를 생각한다.	• '어떻게 할까?'를 생각한다.

08

정답 1. 리더(Leader) 2. 관리자(Manager)

④ **리더십의 발휘 구도**

산업 사회에서 정보 사회로 이행되면서 상사가 하급자에게 발휘하는 형태가 아니라
하급자뿐만 아니라 동료나 상사에게까지도 발휘해야 하는 형태로 바뀌었다.

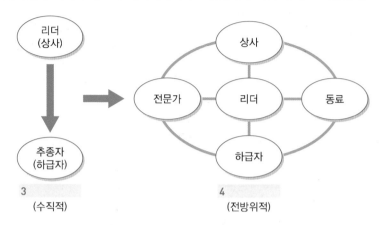

3 _____
(수직적)

4 _____
(전방위적)

Point 5 _____

- 모든 조직 구성원들에게 요구되는 역량
- 자신의 주장을 소신 있게 나타내고 다른 사람들을 격려하는 힘
- 조직 구성원들로 하여금 조직의 목표를 위해 자발적으로 노력하도록 영향을 주는 행위

정답 3. 산업 사회 4. 정보 사회 5. 리더십

2 리더십의 유형

① 6 ⬜⬜⬜⬜

   ⊙ 정책의사결정과 대부분의 핵심 정보를 자신에게만 국한해 소유한다.

   ⓒ 통제가 없이 방만한 상태에 있을 때 혹은 가시적인 성과물이 보이지 않을 때 효과적이다.

   ⓒ 특징

> • 질문 금지
> 집단의 규칙하에 지배자로 군림하고, 동료에게는 그의 권위에 순응하도록 요구하며, 개개인들에게는 주어진 업무만을 수행할 것을 기대한다.
> • 모든 정보는 내 것
> '지식(정보)이 권력의 힘'이라고 믿으며, 대부분의 구성원들과 조직에 대한 핵심 정보를 독점한다.
> • 실수를 용납하지 않음
> 언제 어디서나 최고의 질적 수준을 요구하고, 한 번의 실수는 해고나 다른 형태의 징계로 이어진다.

② 7 ⬜⬜⬜⬜⬜⬜

   ⊙ 리더와 집단 구성원 사이의 구분이 희미하다.

   ⓒ 소규모조직에서 풍부한 경험과 재능을 소유한 조직원이 있을 때 효과적이며, 신뢰, 정직, 구성원들의 능력에 대한 믿음이 핵심 요소이다.

   ⓒ 특징

> • 평등
> 리더는 조직 구성원 중 한 명일 뿐으로 다른 구성원들보다 더 비중 있게 대우받아서는 안 된다.
> • 집단의 비전
> 집단의 모든 구성원들은 의사결정 및 팀의 방향을 설정하는 데 참여한다.
> • 책임 공유
> 집단의 모든 구성원들은 집단의 행동의 성과 및 결과에 대해 책임을 공유한다.

정답 6. 독재자 유형 7. 파트너십 유형

08

③ 8 ░░░░░░░░░░░░░░

　㉠ 개개인과 팀이 유지해 온 업무 수행 상태를 뛰어넘으려 한다.

　㉡ 조직에 획기적인 변화가 요구될 때 효과적이다.

　㉢ 특징

> • 카리스마
> 　조직에 명확한 비전을 제시하고 집단 구성원들에게 그 비전을 쉽게 전달한다.
> • 자기 확신
> 　뛰어난 사업 수완과 함께 어떠한 의사결정이 조직에 긍정적으로 영향을 미치는지 예견할 수 있는 능력이 있다.
> • 존경심과 충성심
> 　개개인에게 시간을 할애해 그들 스스로가 중요한 존재임을 깨닫게 하고, 존경심과 충성심을 부여한다.

④ 9 ░░░░░░░░░░░

　㉠ 독재자 유형보다는 관대하다. 전체 그룹 구성원 모두를 목표 방향 설정에 참여시킴으로써 구성원들에게 확신을 심어주려고 노력한다.

　㉡ 혁신적이고 탁월한 부하 직원들을 거느리고 있을 때 효과적이다.

　㉢ 특징

> • 참여
> 　리더는 팀원들이 한 사람도 소외됨이 없이 동등하다는 것을 확신시킴으로써 비즈니스의 모든 방면에 종사하도록 한다.
> • 토론의 장려
> 　리더는 경쟁과 토론의 가치를 인식해야 하며, 팀이 나아갈 새로운 방향의 설정에 팀원들을 참여시켜야 한다.
> • 거부권
> 　'민주주의에 근접한'이라는 말에서 알 수 있듯이, 이 유형의 리더들이 비록 민주주의적이긴 하지만 최종 결정권은 리더에게만 있다.

정답　8. 변혁적 유형　9. 민주주의 근접 유형

3 동기부여

① 동기부여의 의의

동기부여는 리더십의 핵심 개념이다. 성과와 목표의 실현은 동기부여의 직접적인 결과이며, 자신에게 동기를 부여해야 좋은 결과를 얻을 수 있다.

② 동기부여의 방법

10	목표달성을 높이 평가하여 곧바로 보상하는 행위
새로운 도전의 기회 부여	환경 변화에 따라 조직원에게 새로운 업무를 맡을 기회를 제공하여 발전과 창조성을 고무
창의적인 문제 해결법 발견	리더는 조직원이 문제를 해결하도록 지도하고 개입하지만, 실질적인 해결책은 조직원 스스로 찾을 수 있도록 분위기를 조성
역할과 행동에 책임감 부여	자신의 업무에 책임을 지도록 하는 환경 조성 → 구성원은 안정감을 느끼고 의미 있는 일을 하고 있다는 긍지를 가짐
11	문제 및 진척 상황을 팀원들과 함께 살피고 지원하며, 지도 및 격려
변화를 두려워하지 않음	위험을 감수해야 할 합리적인 이유와 실현 가능한 목표를 통해 팀원이 안전지대를 벗어나 높은 목표를 향해 가도록 격려
지속적인 교육	지속적인 교육과 성장의 기회 제공을 통해 직원이 상사로부터 인정받고 있으며, 권한을 위임받았다고 느낄 수 있도록 동기부여

정답 10. 긍정적 강화법 11. 코칭

4 12 ▨▨▨▨▨▨▨▨▨▨▨▨▨▨▨▨▨

① 12 ▨▨▨▨▨ 의 의의

조직 구성원들을 신뢰하고, 그들의 잠재력을 믿으며, 그 잠재력의 개발을 통해 높은 성과의 조직이 되도록 하는 일련의 행위이다.

② 12 ▨▨▨▨▨▨▨ 환경의 특징

- 도전적이고 흥미 있는 일
- 학습과 성장의 기회
- 높은 성과와 지속적인 개선을 가져오는 요인들에 대한 통제
- 성과에 대한 지식
- 긍정적인 인간관계
- 개인들이 공헌하며 만족한다는 느낌
- 상부로부터의 지원

③ 12 ▨▨▨▨▨ 의 장애요인

13 ▨▨▨▨	**차원**	주어진 일을 해내는 역량 결여, 동기 결여, 결의 부족, 책임감 부족, 의존성
14 ▨▨▨▨	**차원**	다른 사람과의 성실성 결여, 약속 불이행, 성과를 제한하는 조직의 규범, 갈등 처리 능력 부족, 승패의 태도
15 ▨▨▨▨	**차원**	통제적 리더십 스타일, 효과적 리더십 발휘 능력 결여, 경험 부족, 정책 및 기획의 실행 능력 결여, 비전의 효과적 전달능력 결여
16 ▨▨▨▨	**차원**	공감대 형성이 없는 구조와 시스템, 제한된 정책과 절차

정답 12. 임파워먼트(Empowerment) 13. 개인 14. 대인 15. 관리 16. 조직

5 변화관리의 단계

① 1단계 : 변화의 17

리더는 먼저 변화의 실상을 정확히 파악한 다음, 익숙했던 것들을 버리는 데서 오는 감정과 심리적 상태를 어떻게 다룰 것인가에 대해 심사숙고해야 한다. 변화관리에서 변화를 다루는 방법만큼 중요한 것은 없다.

- 변화가 왜 필요한가?
  변화가 일어나고 있다는 사실은 부인할 수 없다. 변화는 발전을 더욱 가속화한다.
- 무엇이 변화를 일으키는가?
  경쟁에서 살아남도록 외부에서 자극을 주는 것으로부터 변화는 시작된다.
- 변화는 모두 좋은 것인가?
  변화를 단행하기 전에 반드시 변화에 대한 사항들을 면밀히 검토해야 한다.

② 2단계 : 변화의 18

리더는 직원들에게 변화에 대한 상세한 정보를 제공하여 직원들 자신이 변화를 주도하고 있다는 마음이 들도록 이끌어야 한다.

- 개방적인 분위기를 조성한다.
- 객관적인 자세를 유지한다.
- 구성원들의 감정을 세심하게 살핀다.
- 변화의 긍정적인 면을 강조한다.
- 변화에 적응할 시간을 준다.

08

③ 3단계 : 변화의 19

- 부정적인 행동을 보이는 구성원은 개별 면담을 통해 늘 관심 있게 지켜보고 있다는 사실과 언제든지 대화를 나눌 수 있다는 점을 주지시킨다.
- 변화에 스스로 대처하려는 직원들에게도 도움을 주어야 한다. 이런 구성원들에게는 '인간은 자기실현적 예언자'라는 점을 인식시키면 좋다.
- 직원들과 수시로 커뮤니케이션하는 것이 중요하다.

정답 17. 이해 18. 인식 19. 수용

1. 리더십이란 조직의 공통된 목적을 달성하기 위하여 리더가 조직원들에게 행사하는 영향력이다.

2. 리더와 관리자의 최대의 차이점은 비전의 유무에서 나타난다. 관리자의 역할이 자원을 관리·분배하고 당면한 문제를 해결하는 것이라면, 리더의 역할은 비전을 선명하게 구축하고 그 비전이 팀원의 협력 아래 실현되도록 환경을 만들어 주는 것이다.

3. 관리자의 관심사가 주로 사람이나 물건을 관리하는 것에 있는 데 비해, 리더의 관심사는 사람의 마음을 중시하고 동기를 부여하는 데 있다. 또한 관리자는 오늘의 구체적인 문제를 대상으로 삼고 일하지만, 리더는 미래를 향한 새로운 상황을 창조한다. 즉, 새로운 상황 창조자인 것이다.

4. 일반적으로 리더십 유형은 독재자 유형, 파트너십 유형, 변혁적 리더십 유형, 민주주의 근접 유형 등 크게 네 가지로 구분할 수 있다.

5. 지속적으로 유지될 수 있는 내적 동기유발의 일곱 가지 방법에는 ❶ 긍정적 강화법 활용, ❷ 새로운 도전의 기회 부여, ❸ 창의적인 문제 해결법 찾기, ❹ 책임감으로 철저히 무장, ❺ 몇 가지 코칭하기, ❻ 변화를 두려워하지 않는 것, ❼ 지속적인 교육 등이 있다.

6. 임파워먼트란 '조직 구성원들을 신뢰하고, 그들의 잠재력을 믿으며, 그 잠재력의 개발을 통해 높은 성과의 조직이 되도록 하는 일련의 행위'로 정의할 수 있다.

7. 일반적인 변화관리의 3단계는 변화 이해하기, 변화 인식하기, 변화 수용하기이다.

[04] 갈등관리능력

1 갈등의 의의

① 갈등의 일반적 의미

조직을 구성하는 개인과 집단, 조직 간에 잠재적 또는 현재적으로 대립하고 마찰하는 사회적 · 심리적 상태를 말한다.

② 갈등과 조직성과 사이의 관계

오른쪽 그래프에서 갈등이 X_1 수준일 때 조직의 직무성과가 가장 높아진다. 즉, 갈등수준이 적절(X_1)할 때 조직 내부에 생동감이 넘치고 변화지향적이며 문제해결능력이 발휘된다. 그 결과 조직성과는 높아지고, 갈등의 순기능이 작용한다.

[갈등과 조직성과]

③ 갈등의 증폭원인

1	• 팀원은 '승리 · 패배의 경기'를 시작한다. • 팀원은 문제를 해결하기보다는 승리하기를 원한다.
2	• 팀원은 공동의 목표를 달성할 필요성을 느끼지 않는다. • 팀원은 각자의 입장만을 고수하고, 의사소통의 폭을 줄이며, 서로 접촉하는 것을 꺼린다.
3	• 팀원은 자신의 입장에 감정적으로 묶인다.

08

정답 1. 적대적 행동 2. 입장 고수 3. 감정적 관여

2 갈등의 두 가지 쟁점

모든 갈등에는 두 가지 쟁점들이 서로 중복되거나 교차한다. 주된 갈등이 어떤 일을 하는 방법에 기인한 것이라고 할지라도, 자존심을 위협하거나 질투를 유발하는 것과 같은 감정적인 문제들이 갈등의 강도를 높일 수 있다.

① 4

- 역할 모호성
- 방법에 대한 불일치
- 목표에 대한 불일치
- 책임에 대한 불일치
- 가치에 대한 불일치

② 5

- 공존할 수 없는 개인적 스타일
- 통제나 권력 확보를 위한 싸움
- 자존심에 대한 위협
- 질투
- 분노

핵심적인 문제들은 대부분 갈등의 밑바닥에 깔려 있는 반면에, 감정적인 문제들은 갈등을 복잡하게 만든다. 갈등을 해결하기 위해서는 핵심적인 문제부터 해결해야 한다.

정답 4. 핵심 문제 5. 감정적 문제

3 갈등의 두 가지 유형

① 6

- 개개인이 저마다 문제를 다르게 인식하거나 정보가 부족한 경우, 편견 때문에 발생한 의견 불일치로 적대적 감정이 생길 때 6   이/가 일어난다.
- 본인이 중요하게 생각하는 문제가 타인으로 인해 해결되지 못한다는 생각이 들 때, 6   이/가 일어난다.
- 관리자의 신중하지 못한 태도로 인해 갈등이 발생했을 때, 6   이/가 심각한 수준에 이를 수 있다.

② 7

두 사람이 정반대되는 욕구나 목표, 가치, 이해에 놓였을 때는 7   이/가 일어난다. 목표와 욕망, 가치, 문제를 바라보는 시각과 이해하는 시각이 다를 경우에 일어날 수 있는 갈등이다.

정답 6. 불필요한 갈등 7. 해결할 수 있는 갈등

4 갈등을 해결하기 위한 방법

① 갈등의 과정

| 의견 불일치 | ⇒ | 대결 국면 | ⇒ | 격화 국면 | ⇒ | 진정 국면 | ⇒ | 갈등의 해소 |

② 갈등 해결방법

8	• 자신과 상대방에 대한 관심이 모두 낮은 경우 • 개인의 갈등상황으로부터 철회 또는 회피하는 것 • 나도 지고 너도 지는 방법(I Lose – You Lose)
9	• 지배형이라고도 함 • 자신에 대한 관심은 높고, 상대방에 대한 관심은 낮은 경우 • 나는 이기고 너는 지는 방법(I Win – You Lose)
10	• 자신에 대한 관심은 낮고, 상대방에 대한 관심은 높은 경우 • 나는 지고 너는 이기는 방법(I Lose – You Win) • 상대방이 거친 요구를 해오는 경우에 전형적으로 나타나는 반응
11	• 자신과 상대방에 대한 관심이 모두 중간인 경우 • 서로가 받아들일 수 있는 결정을 하기 위하여 타협적으로 주고받는 방식 (Give and Take)
12	• 협력형이라고도 함 • 자신은 물론 상대방에 대한 관심이 모두 높은 경우 • 나도 이기고 너도 이기는 방법(I Win – You Win) • 가장 바람직한 갈등 해결 유형

> **Point** 갈등 해결방법의 모색
>
> • 어려운 문제에 직면했더라도 피하지 말고 적극적으로 대응한다.
> • 다른 사람들의 입장을 이해한다.
> • 존중하는 자세로 사람들을 대한다.
> • 마음을 열어놓고 적극적으로 경청한다.

정답 8. 회피형 9. 경쟁형 10. 수용형 11. 타협형 12. 통합형

5 13 ▮▮▮▮▮▮▮

① 13 ▮▮▮▮▮▮▮ **의 의미**

갈등에 대한 모든 사람으로부터 의견을 받아서 문제의 본질적인 해결책을 얻는 것
으로, 팀원들에게 서로의 역할을 바꾸어서 수행해 보도록 하는 것 등을 예시로 들
수 있다(어떤 모델을 적용할지 미리 결정하는 것보다 팀 내에서 대립이 있을 때마다
적절한 모델을 적용하는 것이 중요).

② **윈 – 윈 전략에 의거한 갈등해결 7단계**

　㉠ 1단계 : 14 ▮▮▮▮▮▮▮

> • 비판적인 패러다임 전환
> • 자신의 위치와 관심사 확인
> • 상대방의 입장과 드러내지 않은 관심사 연구

　㉡ 2단계 : 15 ▮▮▮▮▮▮▮

> • 상대방이 필요로 하는 것에 대해 생각해 보았다는 점을 인정
> • 자신의 '윈 – 윈 의도' 명시
> • 윈 – 윈 절차, 즉 협동적인 절차에 임할 자세가 되어 있는지 알아보기

08

정답　13. 윈 – 윈(Win – Win) 갈등관리법　14. 충실한 사전 준비　15. 긍정적인 접근 방식

ⓒ 3단계 : 16 [_____]

> • 동의하는 부분 인정하기
> • 기본적으로 다른 부분 인정하기
> • 자신이 이해한 바를 점검하기

ⓒ 4단계 : 17 [_____]

> • 상대방에게 중요한 기준을 명확히 하기
> • 자신에게 어떠한 기준이 중요한지 말하기

ⓒ 5단계 : 18 [_____]
ⓒ 6단계 : 19 [_____]
ⓒ 7단계 : 최종 해결책을 선택하고, 실행하는 것에 동의하기

정답 16. 두 사람의 입장을 명확히 하기 17. 윈 – 윈에 기초한 기준에 동의하기
18. 몇 가지 해결책을 생각해내기 19. 몇 가지 해결책을 평가하기

1. 갈등이란 상호 간의 의견 차이 때문에 발생하게 된다. 목표를 달성하기 위해 노력하는 팀이라면 갈등은 항상 일어나게 마련이다. 그러나 이러한 의견 차이는 항상 부정적인 것만은 아니다.

2. 갈등을 확인할 수 있는 단서로는 ❶ 지나치게 감정적인 논평과 제안, ❷ 타인의 의견발표가 끝나기도 전에 타인의 의견에 대해 공격, ❸ 핵심을 이해하지 못한 것에 대해 서로 비난, ❹ 편을 가르고 타협하기를 거부, ❺ 개인적인 수준에서 미묘한 방식으로 서로를 공격하는 것 등이 있다.

3. 갈등을 증폭시키는 원인에는 ❶ 적대적 행동, ❷ 입장 고수, ❸ 감정적 관여 등이 있다.

4. 갈등은 핵심 문제와 감정적 문제로 구분할 수 있으며, 보는 관점에 따라 불필요한 갈등과 해결할 수 있는 갈등으로 구분할 수 있다.

5. 갈등 해결방법 모색 시 명심해야 할 사항으로는 ❶ 다른 사람들의 입장 이해하기, ❷ 어려운 문제는 피하지 말고 맞서기, ❸ 자신의 의견을 명확하게 밝히고 지속적으로 강화하기, ❹ 사람들과 눈을 자주 마주치기, ❺ 마음을 열어 놓고 적극적으로 경청하기, ❻ 타협하려 애쓰기, ❼ 어느 한쪽으로 치우치지 않기, ❽ 논쟁하고 싶은 유혹을 떨쳐내기, ❾ 존중하는 자세로 사람들을 대하기 등이 있다.

6. 윈 – 윈(Win – Win) 전략이란 갈등에 대한 모든 사람으로부터 의견을 받아서 문제의 본질적인 해결책을 얻는 것을 의미한다.

[05] 협상능력

1 협상의 의의

① 다양한 차원에서의 협상의 의미

차원	내용
[1] 차원	이해당사자들이 자신들의 욕구를 충족시키기 위해 상대방으로부터 최선의 것을 얻어내려고 상대방을 설득하는 커뮤니케이션 과정
[2] 차원	개인, 조직 또는 국가가 가지고 있는 갈등의 문제를 해결하기 위해서 갈등 관계에 있는 이해당사자들이 대화를 통해서 상반되는 이익은 조정하고 공통되는 이익을 증진시키는 상호작용 과정
[3]와/과 [4]의 차원	우리가 얻고자 원하는 것을 어떻게 다른 사람들보다 더 우월한 지위를 점유하면서 얻을 수 있을 것인가 등에 대한 지식이자 노력의 장
[5] 차원	둘 이상의 이해당사자들이 여러 대안들 가운데 이해당사자들 모두가 수용 가능한 대안을 찾기 위한 의사결정 과정
[6] 차원	선호가 서로 다른 당사자들이 합의에 도달하기 위해 의사결정하는 과정

정답 1. 의사소통 2. 갈등 해결 3. 지식 4. 노력 5. 의사결정 6. 교섭

② 협상의 단계

| 7 | ➡ | 8 | ➡ | 9 | ➡ | 10 | ➡ | 11 |

7	• 협상 당사자들 사이에 상호 친근감을 쌓음 • 간접적인 방법으로 협상 의사를 전달함 • 상대방의 협상 의지를 확인함 • 협상 진행을 위한 체제를 짬
8	• 갈등 문제의 진행 상황과 현재의 상황을 점검함 • 적극적으로 경청하고 자기주장을 제시함 • 협상을 위한 협상 대상 안건을 결정함
9	• 겉으로 주장하는 것과 실제로 원하는 것을 구분하여 실제로 원하는 것을 찾아냄 • 분할과 통합 기법을 활용해 이해관계를 분석함
10	• 협상 안건마다 대안들을 평가함 • 개발한 대안들을 평가함 • 최선의 대안에 대해서 합의하고 선택함 • 대안 이행을 위한 실행 계획을 수립함
11	• 합의문을 작성함 • 합의문상의 합의 내용·용어 등을 재점검함 • 합의문에 서명함

08

2 협상과정에서의 주요 실수

종류	대처방안
12 _____에 협상을 시작하는 것	• 상대방이 먼저 협상을 요구하거나 재촉하면 아직 준비가 덜 되었다고 솔직히 말하는 것 • 협상준비가 되지 않았을 때는 듣기만 하기
13 _____와/과의 협상	• 협상 상대가 협상에 대하여 책임을 질 수 있고 타결 권한을 가지고 있는 사람인지 확인하고 협상을 시작 • 상급자는 협상의 올바른 상대가 아님
14 _____만 고집하는 것 (입장협상)	• 협상에서 한계를 설정하고 그다음 단계를 대안으로 제시 • 상대방이 특정 입장만 내세우는 협상을 할 경우에는 준비를 도와주고 서로 의견을 교환하면서 상대의 마음을 열게 하기
협상의 15 _____을/를 잃을까 두려워하는 것	• 그 사람과의 협상 자체를 고려해 보기 • 자신의 한계를 설정하고 그것을 고수하여 그런 염려를 하지 않게 하기
설정한 16 _____와/과 17 _____에서 벗어나는 것	• 한계와 목표를 잃지 않도록 그것을 기록하고, 기록된 노트를 협상의 길잡이로 삼기
상대방에 대해서 너무 많은 18 _____을/를 하는 것	• 상대방이 원하는 것을 얻을까 너무 염려하지 말기 • 협상 마무리 전 자신과 상대방이 각각 만족할 만한 결과를 얻었는지, 결과가 현실적으로 효력이 있었는지, 모두 만족할 만한 상황이 되었는지 확인
협상 타결에 19 _____을/를 맞추지 못하는 것	• 협상의 모든 단계에서 협상의 종결에 초점을 맞추고, 항상 종결을 염두에 두기

정답 12. 준비되기도 전 13. 잘못된 사람 14. 특정 입장 15. 통제권 16. 목표 17. 한계
18. 염려 19. 초점

3 협상전략의 종류

종류	내용
20 : 문제해결전략 (Cooperative Strategy)	• 협상 참여자들이 협동과 통합으로 문제를 해결하고자 하는 협력적 문제해결 전략 • 문제를 해결하는 합의에 이르기 위해서 협상 당사자들이 서로 협력하는 것 • 'I Win – You Win' 전략 • 협상전술 : 협동적 원인 탐색, 정보수집과 제공, 쟁점의 구체화, 대안 개발, 개발된 대안들에 대한 공동평가, 협동하여 최종안 선택
21 : 양보전략 (Smoothing Strategy)	• 상대방이 제시하는 것을 일방적으로 수용하여 협상의 가능성을 높이려는 전략 • 상대방의 욕구와 주장에 자신의 욕구와 주장을 조정하고 순응시켜 굴복 • 'I Lose – You Win' 전략 • 협상전술 : 유화, 양보, 순응, 수용, 굴복, 요구사항의 철회
22 : 무행동전략 (Avoiding Strategy)	• 협상을 피하거나 잠정적으로 중단하거나 철수하는 전략 • 협상의 가치가 낮거나 중단하고자 할 때나 상대방에게 필요한 양보를 얻어내고자 할 때 또는 협상 이외의 방법으로 대안이 존재할 경우에 사용 • 'I Lose – You Lose' 전략 • 협상전술 : 협상을 회피・무시, 상대방의 도전에 대한 무반응, 협상안건을 타인에게 넘겨주기, 협상으로부터 철수
23 : 경쟁전략 (Forcing Strategy)	• 상대방의 주장을 무시하고 자신의 힘으로 일방적으로 밀어붙여 상대방에게 자신의 입장을 강요하는 전략 • 상대방에 비해 자신의 힘이 강하거나 서로 인간관계가 나쁘고, 신뢰가 전혀 없는 상황에서 자신의 실질적 결과를 극대화하고자 할 때 사용 • 'I Win – You Lose' 전략 • 협상전술 : 위압적인 입장 천명, 협박과 위협, 협박적 설득, 확고한 입장에 대한 논쟁, 협박적 회유와 설득, 상대방 입장에 대한 강압적 설명 요청

08

정답 20. 협력전략 21. 유화전략 22. 회피전략 23. 강압전략

4 상대방을 설득하는 방법

① 24

| See (시각화해 이해시킨다) | → | Feel (느끼게 해 감동시킨다) | → | Change (변화시켜 설득에 성공한다) |

② 25

협상 상대방을 설득하기 위해서는 설득에 장애가 되는 요인들을 척결해야 한다. 협상 전략에 있어서 상대방 이해란 협상 과정상의 갈등해결을 위해서 상대방에 대한 이해가 선행되어 있으면 갈등해결이 용이하다는 것이다.

③ 26

협상 당사자 사이에 어떤 혜택들을 주고받는 관계가 형성되어 있으면 그 협상 과정상의 갈등해결이 용이하다.

④ 27

협상 당사자 사이에 기대하는 바에 일관성 있게 헌신적으로 부응해 행동하게 되면 협상 과정상의 갈등해결이 용이하다.

⑤ 28

어떤 과학적인 논리보다도 동료나 이웃의 언행에 의해서 상대방을 설득하는 것이 협상 과정상의 갈등해결이 용이하다.

⑥ 29

협상 과정상의 갈등상태가 발생했을 때 그 갈등 문제와 갈등관리자를 연결하는 것이 아니라 그 갈등을 야기한 사람과 관리자를 연결하면 갈등해결이 용이해진다.

⑦ 30

직위나 전문성, 외모 등을 이용하면 협상 과정상의 갈등해결에 도움이 될 수 있다. 사람들은 자신보다 더 높은 직위, 더 많은 지식을 가지고 있다고 느끼는 사람으로부터 설득당하기가 쉽다.

⑧ 31

인적·물적자원 등의 희소성을 해결하는 것이 협상 과정상의 갈등해결에 용이하다. 사람들은 시간적으로 희소하고 사회경제적으로 희소한 것을 소유하고자 하는 강력한 욕구가 있을 때 목숨을 걸 정도로 설득을 잘 당한다.

⑨ 32

협상 과정상의 갈등관리를 위해서 자신의 행동을 통제하려는 상대방에게 반항한다는 것에 대한 것이다. 반대가 심할수록 희소성이 강해지고 이는 반항심을 더욱 자극해 설득에 실패할 확률이 높아진다.

08

정답 29. 연결 전략 30. 권위 전략 31. 희소성 해결 전략 32. 반항심 극복 전략

1. 협상이란 갈등상태에 있는 이해당사자들이 대화와 논쟁을 통해서 서로를 설득하여 문제를 해결하려는 정보전달 과정이자 의사결정 과정이다.

2. 협상과정은 관점에 따라 다양한 형태로 언급할 수 있다. 협상과정은 ❶ 협상 시작, ❷ 상호 이해, ❸ 실질 이해, ❹ 해결 대안, ❺ 합의 문서 등의 5단계로 구분할 수 있다.

3. 협상에 활용되는 전략은 다양하다. 대체로 협상전략은 ❶ 협력전략, ❷ 유화전략, ❸ 회피전략, ❹ 강압전략 등으로 구분할 수 있다. 협력전략은 'Win – Win' 전략, 유화전략은 'Lose – Win' 전략, 회피전략은 'Lose – Lose' 전략, 강압전략은 'Win – Lose' 전략으로 요약할 수 있다.

4. 협상에 있어 상대방을 설득하는 일은 필수적이다. 상대방을 설득시키기 위해 활용할 수 있는 전략으로는 ❶ See – Feel – Change 전략, ❷ 상대방 이해 전략, ❸ 호혜관계 형성 전략, ❹ 헌신과 일관성 전략, ❺ 사회적 입증 전략, ❻ 연결 전략, ❼ 권위 전략, ❽ 희소성 해결 전략, ❾ 반항심 극복 전략 등이 있다.

1 고객서비스의 의의와 고객의 불만

① **고객서비스의 의의**

㉠ 고객서비스의 정의

다양한 고객의 요구를 파악하고 적절한 대응법을 마련하여 고객에게 양질의 서비스를 제공하는 것을 말한다.

㉡ 고객 중심 기업의 일반적 특성

> • 내부 고객, 외부 고객 모두를 중요시한다.
> • 1   에 중점을 둔다.
> • 고객이 2   , 3   , 4   등에 쉽게 접근할 수 있도록 한다.
> • 기업의 전반적 관리시스템이 5   업무를 지원한다.
> • 기업이 실행한 서비스에 대해 계속적인 6   을/를 실시함으로써 고객에게 양질의 서비스를 제공하도록 서비스 자체를 끊임없이 7   시키고 8   한다.

② **고객의 불평을 긍정적으로 활용하기 위해 알아야 할 사항**

> • 불만족한 고객 대부분은 불평하지 않는다. 불평하는 고객은 사업자를 도와주려는 생각에서 불평을 하는 경우가 많다. 따라서 고객의 불평을 감사히 여겨야 한다.
> • 고객의 불평은 종종 거친 말로 표현된다. 그러나 그것은 꼭 불만의 내용이 공격적이기 때문에 그런 것은 아니다.
> • 대부분의 불평고객은 단지 기업이 자신의 불평을 경청하고, 잘못된 내용을 설명하고 제대로 고치겠다고 약속하면서 사과하기를 원한다.
> • 미리 들을 준비를 하고 침착하게 긍정적으로 고객을 대하면 대부분의 불평은 빠르게 큰 고통 없이 해결된다.

08

정답   1. 고객만족   2. 정보   3. 제품   4. 서비스   5. 고객서비스   6. 재평가   7. 변화   8. 업그레이드

③ 고객의 불만표현 유형

유형	내용
9	• 자신의 과시욕을 드러내고 싶어 하는 고객으로, 보통 제품을 폄하하는 사람들이 많다. • 대응법 : 정중하게 대하는 것이 좋고, 자신의 과시욕이 충족되도록 제지하지 않는 것이 좋다. 의외로 단순한 면이 있어 일단 그의 호감을 얻게 되면 여러 면으로 득이 되는 경우가 많다.
10	• 직원의 설명이나 제품의 품질에 대해 의심을 많이 하는 고객을 말한다. • 대응법 : 분명한 증거나 근거를 제시해 스스로 확신을 갖도록 유도하고, 때로는 책임자로 하여금 응대하도록 하는 것도 좋다.
11	• 사소한 것으로 트집을 잡는 까다로운 고객을 말한다. • 대응법 : 이야기를 경청하면서 맞장구치거나 추켜세우고 설득하는 방법이 효과적이다. 잠자코 고객의 의견을 경청하고 사과를 하는 응대가 바람직하다.
12	• 성격이 급하고, 확신 있는 말이 아니면 잘 믿지 않는 고객을 말한다. • 대응법 : 애매한 화법의 사용은 피하도록 하고, 여러 가지 일을 신속하게 처리하는 모습을 보이면 응대하기 쉽다.

④ 고객 불만 처리 프로세스

유형	내용
13	• 고객의 항의를 경청하고, 선입관을 버리고 문제를 파악한다.
14 와/과 15 표시	• 일부러 시간을 내서 해결의 기회를 준 것에 감사를 표시한다. • 고객의 항의에 공감을 표시한다.
16	• 문제점에 대해 인정하고 잘못된 부분에 대해 사과한다.
17	• 고객이 불만을 느낀 상황에 대해 관심과 공감을 보이며, 문제의 빠른 해결을 약속한다.
18	• 문제 해결을 위해 꼭 필요한 질문만 하여 정보를 얻는다. • 최선의 해결방법을 찾기 어려우면 고객에게 어떻게 해주면 만족스러울지를 묻는다.
19	• 잘못된 부분을 신속하게 시정한다.
20 와/과 21	• 불만 처리 후 고객에게 처리 결과에 만족하는지를 물어본다.
22	• 고객 불만 사례를 회사 및 전 직원에게 알려 다시는 동일한 문제가 발생하지 않도록 한다.

정답   9. 거만형   10. 의심형   11. 트집형   12. 빨리빨리형   13. 경청   14. 감사   15. 공감
      16. 사과   17. 해결 약속   18. 정보 파악   19. 신속 처리   20. 처리 확인   21. 사과   22. 피드백

2 고객만족 조사

① 고객만족 조사의 목적

고객의 주요 요구를 파악해 가장 중요한 고객 요구를 도출하고, 자사가 가지고 있는 자원을 토대로 경영 프로세스의 개선에 활용함으로써 경쟁력을 증대시키기 위한 것이다.

② 고객만족 측정 시 범할 수 있는 오류의 유형

- 고객이 원하는 것을 알고 있다고 생각함
- 23 _____ (으)로부터 도움을 얻음
- 포괄적인 가치만을 질문함
- 중요도 척도를 오용함
- 모든 고객들이 24 _____ 수준의 서비스를 원하고 필요로 한다고 가정함

③ 고객만족 조사계획 수립

- 조사 25 _____ 및 26 _____ 설정
- 조사 27 _____ 설정
- 조사 28 _____ 및 29 _____
- 조사 30 _____ 계획

08

Point 　고객만족 조사

- 설문지는 고객들이 쉽게 이해할 수 있는 문항으로 구성해야 한다.
- 조사 방향에 일관성을 부여하기 위하여 조사 결과의 활용 계획을 설정한다.
- 1회만 실시하는 조사보다는 연속해서 시행하는 것이 더 정확한 결과를 얻을 수 있다.
- 조사 대상을 임의로 선택해서는 안 되며, 중요한 고객을 우선 선택해야 한다.

정답 　23. 비전문가　24. 동일한　25. 분야　26. 대상　27. 목적　28. 방법　29. 횟수
　　　　30. 결과 활용

1. 고객서비스란 다양한 고객의 요구를 파악하고 적절한 대응법을 마련하여 고객에게 양질의 서비스를 제공하는 것을 말한다.

2. 고객 불만 표현 유형은 크게 거만형, 의심형, 트집형, 빨리빨리형으로 나눌 수 있다. 거만형은 과시적으로 자신이 가진 지식이나 능력, 소유를 드러내고 싶어 하는 유형이고, 의심형은 직원의 설명이나 제품의 품질에 대해 의심을 많이 하는 유형이다. 트집형은 사소한 것으로 트집을 잡는 까다로운 고객 유형이며, 빨리빨리형은 매사에 성격이 급하고, 일처리가 늦어지는 것에 대해 특히 불만을 갖는 고객 유형을 말한다.

3. 고객 불만 처리 프로세스는 다음의 8단계로 이루어진다.

4. 고객만족 조사계획에서 수행되어야 할 것은 조사 분야 및 대상 결정, 조사 목적 설정, 조사 방법 및 횟수, 조사 결과 활용 계획 등이다.

PART 09
자기개발능력

PART 09 자기개발능력

[01] 자기개발능력의 의의

1 자기개발의 의미와 필요성

① **자기개발의 의미**

자신의 능력·적성·특성 등에 있어서 강점을 강화하고, 약점을 관리해 성장을 위한 기회로 활용하는 것이다.

② **자기개발능력의 의미**

자신의 능력·적성·특성 등의 이해를 기초로 자기 발전 목표를 스스로 수립하고 자기관리를 통해 성취해 나가는 능력을 말한다.

③ **자기개발의 필요성**

- 효과적인 업무 처리, 즉 ___1___ 의 향상을 위해 필요하다.
- 빠르게 변화하는 환경에 적응하기 위해 필요하다.
- 주변 사람들과 ___2___ 인 인간관계를 형성하기 위해 필요하다.
- 달성하고자 하는 ___3___ 의 성취를 위해 필요하다.
- 개인적으로 보람된 삶을 살기 위해 필요하다.

> **Point** 자기개발의 특징
> - 생활 가운데 이루어져야 한다.
> - 평생에 걸쳐 이루어지는 과정이다.
> - 일에 대해 이루어지는 활동이다.
> - 모든 사람이 해야 하는 것이다.
> - 개인적인 과정으로, 사람들은 자기개발을 통해 지향하는 바와 방법이 다르다.

정답 1. 업무 성과 2. 긍정적 3. 목표

2 자기개발의 방법

① 4

의미	자신의 가치, 신념 등 자신이 누구인지 아는 것으로, 자신이 어떠한 특성을 가지고 있는지를 인식할 수 있어야 함
방법	내가 아는 나를 확인하는 방법, 다른 사람과의 대화를 통해 알아가는 방법, 표준화된 검사 척도를 이용하는 방법 등

② 5

의미	자신을 이해하고 목표의 성취를 위해 자신의 행동 및 업무 수행을 관리하는 것
과정	자신에 대한 이해를 토대로 비전·목표를 수립 → 과제를 발견 → 자신의 일정을 수립·조정해 자기관리를 수행 → 반성 및 피드백

③ 6

7	일생에 걸쳐서 지속적으로 이루어지는 일에 대한 경험
8	개인의 경력목표와 전략을 수립하고 실행하며 피드백하는 과정
9	자신과 상황을 인식하고 경력 관련 목표를 설정해 목표를 달성하기 위한 과정
10	경력계획을 준비하고 실행하며 피드백함

09

정답 4. 자아인식 5. 자기관리 6. 경력개발 7. 경력 8. 경력개발 9. 경력계획 10. 경력관리

❸ 자기개발 계획

① 자기개발 설계 전략

종류	내용
11	• 장기 목표 : 보통 5 ~ 20년 정도의 목표로, 욕구·가치·흥미·적성·기대를 고려해 수립한다. • 단기 목표 : 보통 1 ~ 3년 정도의 목표로, 장기 목표를 이루기 위한 기본 단계가 된다.
12	• 인간관계를 고려하지 않고 자기개발 계획을 수립하면 계획을 실행하는 데 어려움을 겪는다. • 다른 사람과의 관계를 발전시키는 것도 하나의 자기개발 목표가 된다.
13	• 현재의 직무 상황과 이에 대한 만족도가 자기개발 계획의 수립에 중요한 역할을 한다. • 현재의 직무 담당에 필요한 능력과 이에 대한 자신의 수준, 개발해야 할 능력, 관련된 적성 등을 고려한다.
14	• 자기개발 방법을 명확하고 구체적으로 수립하면 노력을 집중하고 효율화할 수 있다. • 장기 목표일 경우에는 구체적인 방법을 계획하는 것이 어렵거나 바람직하지 않을 수도 있다.
15	• 자신을 알리는 것을 넘어 다른 사람과의 차별화된 특징을 지속적인 자기개발을 통하여 알리는 것을 말한다. • 구체적인 방법에는 소셜네트워크와 인적네트워크의 활용, 경력 포트폴리오의 구성 등이 있다.

② 자기개발 계획 수립의 장애 요인

자기 정보의 부족, 내·외부 작업 정보의 부족, 의사결정 시 자신감의 부족, 일상생활의 요구사항, 주변 상황의 제약

Point 　자기개발 계획의 수립 전략

• 장기 목표의 경우 구체적인 계획의 수립이 바람직하지 않을 수 있다.
• 단기 목표는 장기 목표를 수립하기 위한 기본 단계가 된다.
• 현재의 직무에 대해 계획을 수립해야 한다.

정답 　11. 장·단기 목표의 수립 　12. 인간관계의 고려 　13. 현재의 직무 고려
　　　14. 구체적인 방법 계획 　15. 자신의 브랜드화

1. 조직 내에서 자신의 능력·적성·특성 등의 객관적 이해에 기초하여 자기 개발 목표를 스스로 설정하고 자기관리를 통하여 성취해 나가는 자기개발능력을 필수적으로 갖춰야 한다.

2. 효과적으로 업무를 처리하기 위해서, 변화하는 환경에 적응하기 위해서, 주변 사람들과 긍정적인 인간관계를 형성하기 위해서, 자신이 달성하고자 하는 목표를 성취하기 위해서, 보람된 삶을 살기 위해서 자기개발을 해야 한다.

3. 자기개발은 주체와 객체가 모두 자신이며, 사람마다 자기개발을 통해 지향하는 바가 모두 다르다. 또한 자기개발은 평생에 걸쳐 이루어지는 과정으로, 일에 대한 생활 가운데 이루어지며, 특정한 사람뿐만 아니라 모든 사람들에게 필요하다.

4. 자신의 특성을 아는 자기인식, 자신을 이해하고 목표를 성취하기 위하여 자신의 행동 및 업무 수행을 관리하고 조정하는 자기관리, 개인의 경력목표와 전략을 수립하고 실행하며 피드백하는 경력개발을 통해 자기개발을 도모한다.

5. 사람들은 자기개발의 중요성에 공감하더라도 자기개발에 실패하는 경우가 있다. 따라서 인간의 욕구와 감정을 통제하여 자기개발에 대한 태도를 잘 형성하고, 제한적인 사고를 벗어나 자신을 객관적으로 파악하며, 현재 익숙한 문화에 안주하지 않으려고 노력해야 한다.

6. 자기개발 계획을 수립하여야 보다 명확하게 방향성을 가지고 노력할 수 있다. 이를 위해 장·단기 목표를 수립하고, 인간관계와 현재의 직무를 고려하며, 구체적인 방법을 통해 자기개발을 계획하여야 한다.

09

1 자아인식의 개념

① **자아인식의 의미**

자신의 요구를 파악하고 자신의 능력·기술을 이해하여 자신의 가치를 확신하는 것으로, 개인과 팀의 성과를 높이는 데 필수적으로 요구된다.

② **1 [   ]**

개인의 가치에 대한 주관적인 평가와 판단을 통해 자기결정에 도달하는 과정이며, 스스로에 대한 긍정적 또는 부정적 평가를 통해 가치를 결정짓는 것이다.

종류	내용
2 [ ] 차원	다른 사람들이 자신을 가치 있게 여기며 좋아한다고 생각하는 것
3 [ ] 차원	과제를 완수하고 목표를 달성할 수 있다는 신념
4 [ ] 차원	자신이 세상에서 경험하는 일들과 거기에 영향을 미칠 수 있다고 느끼는 정도

정답 1. 자아존중감 2. 가치 3. 능력 4. 통제감

③ 나를 아는 방법

  ⊙ 본인 5 〰〰〰 에게 질문하는 방법

> - 일을 할 때 내 성격의 장·단점은 무엇인가?
> - 현재 일에 대한 나의 부족한 부분은 무엇인가?
> - 일에 대한 나의 목표는 무엇인가?
> - 그것은 나에게 어떠한 의미가 있는가?
> - 현재 내가 하고 있는 일이 정말로 내가 원했던 일인가?

  ⊙ 6 〰〰〰 와/과의 대화를 통하는 방법

> - 나의 장·단점은 무엇인가?
> - 내가 무엇을 하고 있을 때 가장 재미있어 보이는가?
> - 어려움이나 문제 상황에 처했을 때 나는 어떠한 행동을 하는가?

  ⊙ 7 〰〰〰 을/를 활용하는 방법
자신을 다른 사람과 객관적으로 비교할 수 있는 척도를 제공한다.

정답   5. 스스로   6. 다른 사람   7. 표준화된 검사도구

2 흥미와 적성의 개발 방법과 자아성찰

① 흥미와 적성의 개발 방법

㉠ 8 [   ]을/를 하라.

'나는 이 일을 잘 할 수 있다.', '지금 주어진 일이 나의 적성에 잘 맞는다.'와 같은 자기암시를 하다 보면 자신도 모르는 사이 자신감을 얻게 되어 흥미를 높일 수 있고 적성을 개발할 수 있다.

㉡ 조금씩 9 [   ]을/를 느껴라.

작은 성공의 경험들이 축적되어 조금씩 9 [   ]을/를 느끼게 되면 다음에 해야 할 일도 흥미를 갖게 되어 더 잘할 수 있다.

㉢ 기업의 10 [   ] 및 11 [   ]을/를 고려하라.

일터에서의 조직문화, 조직풍토를 잘 이해할 수 있어야만 자신의 일에 잘 적응할 수 있고, 일에 대한 흥미를 높이고 적성을 개발할 수 있다.

② 12 [   ]

㉠ 사람은 누구나 처음에는 실수할 수 있다. 그러나 12 [   ]을/를 통해 과거에 했었던 실수를 반복하지 않을 수 있으며, 이로 인해 업무를 수행하는 능력이 향상될 수 있다.

㉡ 12 [   ]을/를 연습하는 방법

종류	내용
13 [ ] 작성	• 잘 했던 일과 잘못 했던 일을 매일 성찰하고, 이에 대한 이유와 개선점을 자유롭게 적는다.
14 [ ]	• 일이 잘 진행되거나 그렇지 않은 이유는 무엇인가? • 이 상태를 변화시키거나 유지하기 위해 해야 하는 일은 무엇인가?

1. 자아인식능력이란 자신의 흥미, 적성, 인성 등 자아 특성을 객관적으로 파악하고 자기정체감을 확인하는 수단이 된다. 자아인식에 기초하여 자기개발을 도모하고 이를 통하여 개인과 팀의 성과를 높일 수 있다.

2. 자기 자신에게 질문하는 방법 외에 다른 사람과의 대화를 통해서 그리고 보다 객관화된 표준화 검사도구를 활용하여 자신을 객관적으로 파악할 필요가 있다.

3. 직업적 흥미는 자신의 직업에서 이루어지는 활동 등에 대해서 관심과 애착을 느끼는 것이며, 직업적 흥미를 가진 분야의 직업을 선택하여 일을 할 때 그 직업에 만족하고 적응을 잘할 수 있다.

4. 적성에 맞는 일을 하는 사람은 잠재적으로 그 일에 대한 재능을 가지고 있어서 다른 사람보다 잘할 수 있다. 따라서 자신에게 알맞은 직업을 찾고, 성공적인 직업 생활을 영위하기 위해서 자신의 적성을 파악할 필요가 있다.

5. 마인드컨트롤을 통해, 성취감을 느끼는 활동을 통해, 그리고 기업의 문화 및 풍토를 활용하여 흥미와 적성을 개발할 수 있다.

6. 자신이 한 일에 대한 성찰을 통해 앞으로 다른 일을 하는 데 필요한 노하우를 축적할 수 있으며, 성장의 기회를 마련할 수도 있다. 또한 다른 사람에게 신뢰감을 형성할 수 있고 창의적인 사고도 가능해진다. 이러한 성찰은 지속적인 연습의 과정으로 성찰 노트를 작성하거나 끊임없이 질문하여 개발해야 한다.

09

[03] 자기관리능력

1 자기관리 단계별 계획

① 1 **[   ]** 및 2 **[   ]** 정립

　㉠ 모든 행동과 업무의 기초가 되며 의사결정에 있어서 가장 중요한 지침이다.

　㉡ 비전과 목적을 정립하기 위한 질문

> • 나에게 가장 중요한 것은 무엇인가?
> • 나의 가치관은 무엇인가?
> • 내 삶의 목적은 어디에 있는가?

② 과제 발견

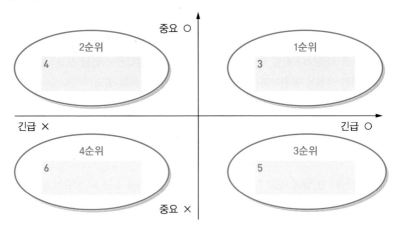

③ 7 [   ] 수립

긴급한 문제라고 하여 우선순위를 높게 잡고 계획을 세우면 오히려 중요한 일을 놓칠 수 있다. 앞서 분석한 우선순위에 따라 중요한 일을 모두 수행할 수 있도록 계획을 세워야 한다.

종류	내용
8 [ ] 계획	장기적인 관점에서 계획하고 준비해야 할 일을 작성
9 [ ] 계획	우선순위가 높은 일을 먼저 하도록 계획을 세움
10 [ ] 계획	보다 자세하게 시간 단위로 작성

④ 수행

내가 하려고 하는 일은 무엇인지, 이 일에 영향을 미치는 요소들은 무엇인지, 이를 관리하기 위한 방법은 어떤 것이 있는지 찾아 계획한 대로 바람직하게 수행한다.

⑤ 반성 및 11 [   ]

㉠ 일을 수행하고 나면 다음의 질문을 통해 분석한다.

- 일을 수행하는 동안 어떤 문제에 직면했는가?
- 어떻게 결정을 내리고 행동했는가?
- 우선순위, 일정에 따라 계획적으로 수행했는가?

㉡ 분석 결과를 다음 수행에 반영한다.

09

2 합리적인 의사결정

① 합리적인 의사결정의 중요성

합리적인 의사결정은 자신의 목표를 정해 대안들을 찾아보고 실행 가능한 최상의 방법을 선택해 행동하는 것으로, 의사결정에 따라 개인의 인생 경로가 바뀌며, 조직 전체의 운명이 좌우되기도 한다.

② 합리적인 의사결정 과정

1	문제의 근원을 파악한다.
2	의사결정 기준과 가중치를 정한다.
3	의사결정에 12_____한다.
4	가능한 모든 13_____한다.
5	각 대안을 14____ 및 15____한다.
6	16____을/를 선택한다.
7	의사결정 결과를 17____하고 18____한다.

정답   12. 필요한 정보를 수집   13. 대안을 탐색   14. 분석   15. 평가   16. 최적안   17. 평가
18. 피드백

③ 거절의 의사결정과 거절하기

　㉠ 어떤 일을 거절함으로써 발생될 문제와 자신이 거절하지 못해 그 일을 수락했을 때의 　19　　을/를 따져보고, 거절하기로 결정했다면 이를 추진할 수 있는 의지가 필요하다.

　㉡ 거절의 의사결정을 표현할 때 유의할 사항

> - 상대방의 말을 들을 때에는 문제의 본질을 파악한다.
> - 거절의 의사결정은 　20　　좋다.
> - 거절을 할 때에는 　21　　을/를 만들어야 한다.
> - 　22　　을/를 제시한다.

Point ▶ **합리적 의사결정을 위한 방법**

- 가능한 모든 대안을 찾는다.
- 의사결정을 하는 데 있어 필요한 자료를 적절히 수집한다.
- 수집한 자료와 의사결정 기준에 따라 대안을 분석·평가한다.
- 팀 내에서 발생한 문제의 원인이나 특성 등을 파악한다.

정답　19. 기회비용　20. 빠를수록　21. 분명한 이유　22. 대안

3 자신의 내면 관리와 성과 향상 방법

① 23   키우기

> • 자신의 목표를 분명히 한다. 자신의 목표가 정립되면 목표의 성취를 위해 현재의 어려움을 참을 수 있다.
> • 새로운 시각으로 상황을 분석한다. 같은 사물·현상이라도 다른 시각으로 보면 극복할 수 있다.

② 24   인 마음 가지기

> • 24   인 마음을 가지려면 자신을 긍정해야 한다. 자신의 능력·가치를 신뢰하고 있는 그대로의 자신을 받아들여 건강한 자아상을 확립한다.
> • 과거에 받았던 상처나 고민을 털어버리고, 타인을 원망하는 마음을 가지지 않도록 노력한다.
> • 고난·역경을 통해 자신이 성장할 수 있음을 믿고, 어려움 속에서 자신을 개발하는 방법을 터득해야 한다.

③ 업무 수행 성과를 높이기 위한 행동전략

> • 일을 미루지 않는다.
> • 업무를 25   처리한다.
> • 회사와 팀의 업무 지침을 따른다.
> • 26   을/를 설정한다.

정답 23. 인내심 24. 긍정적 25. 묶어서 26. 역할 모델

1. 자신을 이해하고 목표를 성취하기 위해 자신의 행동 및 업무 수행을 관리하고 조정하여 자신을 관리해야 하며, 이를 위한 자기관리능력을 향상시켜야 한다.

2. 자신의 비전과 목적을 정립하고, 자신의 역할 및 능력을 분석하여 과제를 발견하고, 이에 따른 일정을 수립하고 시행하며, 시행한 결과에 대하여 반성 및 피드백하는 일련의 과정을 통해 자신을 관리할 수 있다.

3. 자기관리가 요구되는 과제의 경우는 적합한 활동목표를 수립하고 이에 따른 우선순위를 구분하여야 한다. 우선순위는 중요성과 긴급성에 따라 구분할 수 있으며, 중요한 과제를 우선적으로 정하여 추진하여야 한다.

4. 자신의 내면을 다스리고 인내심과 긍정적인 마음을 가질 수 있을 때 비로소 성공할 수 있다. 인내심을 키우기 위해서는 자신의 목표를 분명히 하고 다른 관점에서 상황을 분석하도록 노력하며, 긍정적인 마음을 갖기 위해서는 자기 자신을 긍정하고 어려움 속에서도 성장할 수 있다는 가능성을 믿어야 한다.

5. 일을 하는 사람들에게는 자신의 업무 수행 성과를 높이는 것이 가장 중요한 자기개발이다. 업무 수행 성과를 높이기 위해서는 일을 미루지 않으며, 업무를 한 번에 묶어서 처리하고, 회사나 팀의 업무 지침을 준수하며, 역할 모델을 설정하는 등의 노력을 해야 한다.

6. 합리적인 의사결정과정은 문제의 근원을 파악하고, 의사결정 기준과 가중치를 정하며, 의사결정에 필요한 정보를 수집하고, 가능한 모든 대안을 탐색하여 각 대안을 분석하여 평가하고, 최적안을 선택하여 의사결정 결과를 평가하고 피드백하는 단계를 통해 이루어진다.

1 경력개발의 의미

① 경력개발

개인이 경력목표와 전략을 수립하고 실행하며 피드백하는 과정으로, 개인은 한 조직의 구성원으로서 조직과 함께 상호작용하며 자신의 경력을 개발한다.

② 경력개발능력

자신의 진로에 대해 단계적 목표를 설정하고, 목표 성취에 필요한 역량을 개발해나가는 능력을 말한다.

③ 경력개발능력의 필요성

ㄱ. 현대의 급변하는 지식·정보는 조직·일에 영향을 끼치며, 조직 내부적으로 경영 전략이 변화하거나 승진 적체, 직무환경 변화 등의 문제를 겪게 된다.

ㄴ. 개인의 발달단계에 따라 일에 대한 가치관·신념이 변화하므로 개인의 진로에 대해 단계적 목표를 세우고 목표 성취에 필요한 능력을 개발해야 한다.

④ 지속적인 경력관리

계속적·적극적인 경력관리를 통해 경력목표를 지속적으로 수정하며, 환경·조직의 변화에 따라 새로운 미션을 수립해 새로운 경력이동 경로를 만들어야 한다.

정답 1. 환경변화 2. 조직요구 3. 개인요구

---

2 경력단계의 과정

① 경력개발 단계별 세부 내용

ㄱ 4 _____ (0 ~ 25세)
- 최대한 여러 직업의 정보를 수집하여 탐색 후 나에게 적합한 최초의 직업 선택
- 관련학과 외부 교육 등 필요한 교육 이수

ㄴ 5 _____ (18 ~ 25세)
- 원하는 조직에서 일자리를 얻음
- 정확한 정보를 토대로 적성에 맞는 직무 선택

ㄷ 6 _____ (25 ~ 40세)
- 조직의 규칙과 규범에 대해 배움
- 직업과 조직에 적응해 감
- 역량(지식·기술·태도)을 증대시킴

ㄹ 7 _____ (40 ~ 55세)
- 경력초기를 재평가함
- 성인 중기에 적합한 선택을 함

ㅁ 8 _____ (55세 ~ 퇴직)
- 자존심 유지
- 퇴직 준비의 자세한 계획

09

② 경력개발 계획의 단계

| 1단계 | ▶ | • 관심 직무에서 요구하는 능력
• 고용이나 승진 전망
• 직무만족도 등 |
| 9 | | |

| 2단계 | ▶ | • 자신의 능력 · 흥미 · 적성 · 가치관
• 직무 관련 환경의 기회와 장애 요인 |
| 10 | | |

| 3단계 | ▶ | • 장기 목표 수립 : 5~7년
• 단기 목표 수립 : 2~3년 |
| 11 | | |

| 4단계 | ▶ | • 현재 직무의 성공적 수행
• 역량 강화
• 인적 네트워크 강화 |
| 12 | | |

| 5단계 | ▶ | • 실행
• 경력목표 · 전략의 수정 |
| 13 | | |

정답 9. 직무정보 탐색 10. 자신과 환경 이해 11. 경력목표 설정 12. 경력개발 전략 수립
13. 실행 및 평가

3 경력개발 관련 최근 이슈

① 14

> • 지식과 정보의 폭발적인 증가로 새로운 기술 개발에 따라 평생 동안 지속적인 능력 개발이 필요한 시대가 됐다.
> • 평생학습 사회에서는 개인이 현재 가진 능력보다 개인의 학습 능력과 이에 대한 자기개발 노력이 더욱 중요하다.

② 15

지속적인 경기불황에 따라 직업이 2개 이상인 사람들이 늘어나고 있고, 주 5일제 근무의 시행으로 투잡은 확대되고 있다.

③ 16

외환위기 이후 한국 노동시장에서 청년 실업은 매우 큰 문제로 부각되었다. 경기침체 시 대부분의 기업들은 우선적으로 신규 채용을 억제하기 때문에 청년 노동시장은 경기 변동에 매우 민감하다.

④ 17

> • 인터넷의 확산으로 시공간의 제약 없이 쉽게 창업하며, 여성들의 창업도 증가하고 있다. 창업하는 이유로는 정치 변화, 경제 변화, 회사 생활에 대한 불만 등이 있다.
> • 창업에 성공하려면 자신의 흥미·재능·가치·라이프스타일을 철저히 이해하고, 업무 환경에 대한 충분한 정보를 얻은 후에 구체적인 목표·전략을 수립해 실행해야 한다.

09

정답 14. 평생학습 사회 15. 투잡스(Two Jobs) 16. 청년 실업 17. 창업 경력

⑤ **독립근로자와 같은 새로운 노동형태의 등장**

- 긱(Gig) 경제의 출현은 개별 근로자들에게 노동방식과 노동시간에 대한 결정권을 갖게 하였으며, 정보기술의 발달로 원격근무 등 근무환경에 유연해진 것도 다양한 분야에서 독립근로자들이 증가하게 된 배경이 되었다.
- 자신의 경력개발에 대한 책임이 오로지 개인에게 주어지는 경향이 있으므로 특정 조직 안에 고용된 사람들과는 다른 방식으로 경력개발 준비를 해야 한다.

⑥ 18

- 컨설팅 기업인 타워스 페린의 조사에 따르면 한국의 직장인들은 인재를 끌어들이는 주요인으로 '경쟁력 있는 복리후생 제도(1위)'와 '일과 삶의 균형(2위)'을 꼽았다. 이러한 조사 결과를 통해 '일과 생활의 균형'에 대한 관심이 증가하고 있음을 알 수 있다.
- 경영적 측면에서 WLB 프로그램에 적지 않은 비용이 투입되지만, 긍정적 효과는 아직 가시화되지 않았다.

정답 18. 일과 생활의 균형(WLB; Work-Life Balance, 워라밸)

1. 직업인은 일생에 걸쳐서 지속적으로 나타나는 일에 대한 경험인 경력을 가지며, 이러한 경력에는 직위, 직무에 대한 역할이나 활동뿐만 아니라 여기에 영향을 주고받는 환경적 요소도 포함된다.

2. 직무가 변화되는 외부 상황의 변화나 개인의 기대나 목표가 변화되는 주관적 인식의 변화에 따라 자신의 경력을 개발할 수 있다. 경력개발은 개인이 경력목표와 전략을 수립하고 실행하며 피드백을 하는 과정으로, 한 조직의 구성원으로서 조직과 함께 상호작용하며 자신의 경력을 개발해야 한다.

3. 지식·정보의 빠른 변화와 같은 환경 변화와 조직의 경영 전략이나 승진 적체, 직무환경 변화 등 조직의 요구에 따라 또는 개인의 가치관이나 성장 욕구 등 개인의 요구에 따라 경력개발을 해야 한다.

4. 경력단계는 직업을 선택한 후 조직에 입사하여 직무와 조직의 규칙과 규범에 대해서 배우는 경력초기의 과정을 시작으로 자신이 그동안 성취한 것을 재평가하는 경력중기와 퇴직을 준비하는 경력말기를 통해 마무리된다.

5. 직무정보를 탐색하고, 자신에게 적합한 경력목표를 설정하며, 이에 따른 전략을 수립해서 실행하고 평가·관리하는 단계를 통해 경력개발을 할 수 있다. 다만, 이러한 단계는 명확하게 구분되는 것은 아니며, 중복적으로 이루어질 수 있고 지속적으로 수정될 수 있다.

09

MEMO

PART 10
직업윤리

PART 10 직업윤리

[01] 직업윤리의 의의

1 윤리란 무엇인가?

① **윤리(倫理)의 의미**

인간과 인간 사이에서 지켜야 할 도리를 바르게 하는 것 또는 인간사회에 필요한 올바른 질서라고 해석할 수 있다.

② **윤리적 가치의 중요성**

눈에 보이는 경제적 이득만을 추구하는 것이 아니라 삶의 본질적 가치와 도덕적 신념을 존중하기 때문에 윤리적으로 행동해야 한다.

③ **1**

- 공동의 이익을 추구하고, 도덕적 가치 신념을 기반으로 형성되는 인간형
- 자신의 이익보다 공동의 이익을 우선하는 사람
- 원만한 인간관계를 유지할 수 있도록 타인의 행복을 고려하는 사람
- 눈에 보이는 안락보다는 삶의 가치와 도덕적 신념을 존중하는 사람

④ **2** **의 형성**

- 인간의 특성 : 기본적인 욕구 충족에 도움이나 방해가 되는 사물 등에 선호를 가지게 된다.
- **3** : 인간은 사회의 공동 목표 달성과 구성원들의 욕구 충족에 도움이 되는 행위는 찬성하고, 반대되는 행위는 비난한다.
- 윤리의 형성 : 인간의 기본적인 특성과 사회성에 적절한 행위가 반복되면서 무엇이 옳고 그른지에 대한 **2** 이/가 형성된다.

정답 1. 윤리적 인간 2. 윤리규범 3. 사회적 인간

2 직업

① 직업의 의미

직업은 생활에 필요한 경제적 보상을 주고, 평생에 걸쳐 물질적인 보수 외에 만족감·명예 등 자아실현의 중요한 기반이 된다.

② 직업의 특징

종류	내용
4	주기적으로 일을 하거나 명확한 주기가 없어도 계속 행해지며, 현재 하고 있는 일을 계속할 의지와 가능성이 있어야 함을 의미한다.
5	경제적 거래 관계가 성립되는 활동이어야 한다. 따라서 무급 자원봉사나 전업 학생은 직업으로 보지 않으며, 자연 발생적인 이득의 수취나 우연하게 발생하는 경제적 과실에 전적으로 의존하는 활동도 직업으로 보지 않는다.
6	비윤리적인 영리 행위나 반사회적인 활동을 통한 경제적 이윤추구는 직업 활동으로 인정되지 않음을 의미한다.
7	모든 직업 활동이 사회 공동체적 맥락에서 의미 있는 활동이어야 한다는 것이다.
8	속박된 상태에서의 제반 활동은 경제성이나 계속성의 여부와 상관없이 직업으로 보지 않는다는 것이다.

정답 4. 계속성 5. 경제성 6. 윤리성 7. 사회성 8. 자발성

3 직업윤리

① 직업윤리의 의미

직업에 종사하는 현대인으로서 누구나 공통적으로 지켜야 할 윤리 기준으로, 개인 윤리를 바탕으로 직업에 종사하는 과정에서 요구되는 특수한 윤리규범을 의미한다.

② 직업윤리의 5대 기본원칙

종류	내용
[9]의 원칙	업무의 공공성을 바탕으로 공과 사 구분을 명확히 하고, 모든 것을 숨김없이 투명하게 처리하는 것을 말함
[10]의 원칙	고객에 대한 봉사를 최우선으로 생각하고, 현장·실천 중심으로 일하는 것을 말함
[11]의 원칙	자기 업무에 전문가로서의 능력과 의식을 가지고 책임을 다하며, 능력을 연마하는 것을 말함
[12]와/과 [13]의 원칙	업무에 대한 모든 것을 숨김없이 정직하게 수행하고, 본분과 약속을 지켜 신뢰를 유지하는 것을 말함
[14]의 원칙	법규를 준수하고, 경쟁 원리에 따라 공정하게 행동하는 것을 말함

정답 9. 객관성 10. 고객 중심 11. 전문성 12. 정직 13. 신용 14. 공정 경쟁

1. 윤리적인 인간은 자기 개인의 이익보다 공동의 이익을 추구하고, 도덕적 가치 신념을 중요하게 여기는 사람이다.

2. 살아가는 과정에서 어떤 행위는 '마땅히 해야 할 행위', 어떤 행위는 '결코 해서는 안 될 행위' 등으로 가치를 인정받게 된다. 이러한 측면에서 볼 때, 모든 윤리적 가치는 만고불변의 진리가 아니라 시대와 사회상황에 따라서 조금씩 다르게 변화되는 것이다.

3. 윤리란 '인간과 인간 사이에서 지켜져야 할 도리를 바르게 하는 것' 또는 '인간사회에 필요한 올바른 질서'라고 해석할 수 있다.

4. 현실적으로 사람들이 행하는 비윤리적 행위에는 도덕적 타성, 도덕적 태만, 거짓말 등이 있다.

5. 직업은 생활에 필요한 경제적 보상을 줄 뿐만 아니라 평생에 걸쳐 물질적인 보수 외에 만족감, 명예 등 자아실현의 중요한 기반이 된다.

6. 직업에 종사하는 현대인으로서 누구나 공통으로 지켜야 할 윤리 기준을 직업윤리라고 한다.

7. 직업윤리의 일반적 덕목에는 소명의식, 천직의식, 직분의식, 책임의식, 전문가의식, 봉사의식 등이 있으며, 한국인들은 중요한 직업윤리 덕목으로 책임감, 성실함, 정직함, 신뢰성, 창의성, 협조성, 청렴함 등을 강조한다.

8. 직업윤리란 개인윤리를 바탕으로 직업에 종사하는 과정에서 요구되는 특수한 윤리규범이다. 기본적으로 직업윤리도 개인윤리의 연장선이라 할 수 있다.

10

[02] 근로윤리

1 근면한 태도

① **근면의 개념적 특성**

　　㉠ 고난의 극복 : 근면은 과거의 고난을 극복한 경험을 통해 형성되고, 현재의 고난을 극복할 수 있는 자원이 된다.

　　㉡ 개인의 절제나 금욕 : 근면은 고난을 극복하기 위해서 금전과 시간, 에너지를 사용할 수 있도록 준비하는 것이다.

　　㉢ 장기적이고 지속적인 행위 과정 : 근면은 고난을 극복하기 위해서 어려움 속에서도 목표를 완성시킴으로써 결과에 만족하고 이를 마무리하면서 그 가치를 완성하는 것이다.

② **근면의 종류**

종류	내용
1	• 삶(생계)의 유지를 위한 필요에 의해서 강요된 근면 • 오직 삶의 유지를 위해 열악한 노동 조건에서 기계적으로 일하는 것 예 • 진수는 어머니의 성화에 못 이겨 공부에 매진하고 있다. 　• A씨는 상사의 지시로 3일 동안 야근을 했다.
2	• 자신의 것을 창조하며 조금씩 자신을 발전시키고, 시간의 흐름에 따라 자아를 확립시켜 가는 근면 • 세일즈맨이 자신의 성과를 높이기 위해 노력하는 것 예 • 영희는 미국 여행을 위해 매일 30분씩 영어 공부를 한다. 　• 70세를 넘긴 B씨는 뒤늦게 공부에 재미를 느껴 현재 만학도로 공부에 전념하고 있다.

③ **근면의 변화방향**

　개인의 성장과 자아의 확립, 나아가 행복하고 자유로운 삶을 살기 위한 근면으로 구현될 필요가 있다.

정답 1. 외부로부터 강요당한 근면　2. 자진해서 하는 근면

2 **3**　　　 **와/과** **4**

① **3**　　　 **의 의의**

> • 타인이 전하는 말·행동이 사실과 적절하다는 신뢰가 없다면 일일이 직접 확인
> 해야 하므로 사람들의 행동은 상당한 제약을 피할 수 없으며, 조직과 사회 체제
> 의 유지 자체가 불가능해진다.
> • 정직에 기반을 두는 신뢰가 있어야만 사람과 사람이 함께 살아가는 사회 시스
> 템이 유지·운영될 수 있다.

② **4**　　　 **의 의미**

사전적 의미	정성스럽고 참됨을 의미하며, 단어의 본질을 살펴보았을 때 그 의미가 근면함 보다는 충(忠) 혹은 신(信)의 의미와 더 가까움
심리학적 의미	사회규범이나 법을 존중하고 충동을 통제하며 목표 지향적 행동을 조직하고 유지하며 목표를 추구하도록 동기를 부여하는 것을 의미하기도 함

③ **현대 사회에서의 성실성**

> • **5**　　　　　 (이)란 사회 구성원들이 힘을 합쳐 공동 목표를 효율적으로 추
> 구할 수 있게 하는 자본을 가리키는데, 신뢰를 포괄하는 성실은 보이지 않는
> 가장 확실한 **5**　　　 이다.
> • 성실의 **6**　　　 은/는 다른 덕목들의 모태가 되며, 어떠한 일을 할 때 꾸준
> 히 자신의 정성을 다하도록 만든다. 이는 조직에서 생활을 영위할 때 중요한
> 요인으로 작동한다.
> • 성실의 **7**　　　 은/는 결과적으로 위법 행위로 이어지고 나아가 사회 전반에
> 악영향을 끼치게 된다.
> • 성실이 항상 긍정적인 측면만 지니고 있는 것은 아니다. 성실은 시대 개념적
> 차원에서 볼 때 현대 사회와 어울리지 않는 한계성 또한 지니고 있으므로 성실
> 의 전환을 시도할 필요가 있다.

10

정답 3. 정직 4. 성실 5. 사회적 자본 6. 항상성 7. 결핍

1. 근면이란 사전적으로 '부지런히 일하며 힘씀'을 의미하며, 개념적으로는 고난의 극복, 개인의 절제나 금욕, 장기적이고 지속적인 행위 과정으로 나타난다.

2. 근면에는 두 종류가 있다. 첫째는 외부로부터 강요당한 근면이고, 둘째는 스스로 자진해서 하는 근면이다. 자진해서 하는 근면은 능동적이며 적극적인 태도가 우선시되어야 한다.

3. 앞으로는 조직이나 타인 등 외부로부터 요구되는 일과 노동을 수행하기 위한 농업적 근면성보다는 개인의 성장과 자아의 확립, 나아가 행복하고 자유로운 삶을 살기 위한 근면의 구현이 필요하다.

4. 정직은 사전적으로 '마음에 거짓이나 꾸밈이 없이 바르고 곧음'을 의미한다. 사회시스템은 구성원 서로가 신뢰하는 가운데 운영이 가능한데, 그 신뢰를 형성하고 유지하는 데 필요한 가장 기본적이고 필수적인 규범이 바로 정직이다.

5. 유교의 전통 가치는 '정직'이라는 규범적 의미를 이해하는 행위와 '정직 행동'을 선택하는 행위 사이에서 괴리를 발생하게 하는 요소로 작용할 수 있다.

6. 성실(誠實)은 '정성스럽고 참됨'으로 정의된다. 성(誠)은 정성스럽고 순수하고 참됨을 의미하며, 실(實)은 알차고 진실된 것을 의미한다. 따라서 성실은 그 단어의 본질을 살펴보았을 때, 그 의미가 근면함보다는 충(忠) 혹은 신(信)의 의미와 더 가깝다.

7. 창조·변혁·개혁·혁신 등의 가치가 강조되는 현대 사회에서 성실은 다분히 도덕적 영역으로 그 범위가 위축되는 경향을 보이지만, 사회 구성원들이 힘을 합쳐 공동 목표를 효율적으로 추구할 수 있게 하는 가장 확실한 사회적 자본으로 인식되고 있다.

[03] 공동체윤리

1 1 ⬜⬜⬜ 와/과 2 ⬜⬜⬜⬜⬜ , 3 ⬜⬜⬜ 의식

① 1 ⬜⬜⬜ 와/과 2 ⬜⬜⬜⬜⬜ 의 의미

1	다른 사람과 공동체에 대하여 봉사하는 정신을 갖추고 실천하는 태도를 의미하며, 나아가 고객의 가치를 최우선으로 하는 고객 서비스 개념
4	직업에 대한 사회적 역할과 책무를 충실히 수행하고 책임지려는 태도이며, 맡은 업무를 어떠한 일이 있어도 수행해 내는 태도

② 5 ⬜⬜⬜⬜⬜⬜⬜⬜⬜⬜⬜⬜⬜

기업이 지역사회 및 이해관계자들과 공생할 수 있도록 의사결정을 해야 한다는 윤리적 책임의식으로, 기업의 이해당사자들이 기업에 기대하고 요구하는 사회적 의무들을 충족시키기 위해 수행하는 활동을 말한다.

③ 3 ⬜⬜⬜ 의 의미

> • 민주시민으로서 기본적으로 지켜야 하는 의무이며 생활 자세이다.
> • 민주사회의 법과 규칙을 준수하는 것은 시민으로서의 자신의 권리를 보장받고, 다른 사람의 권리를 보호하며 사회질서를 유지하는 역할을 수행하는 것이다.

Point ⬜ 6 ⬜

10

• 6 ⬜의 사전적 의미는 법률이나 규칙을 좇아 지키는 것이다.
• 6 ⬜의식이 해이해지면 사회적으로 부패가 싹트게 된다.
• 선진국들과 경쟁하기 위해서는 개인의 의식 변화와 이를 뒷받침할 시스템 기반의 확립이 필요하다.

정답 1. 봉사 2. 사회적 책임 3. 준법 4. 책임의식
　　 5. 기업의 사회적 책임(CSR; Corporate Social Responsibility) 6. 준법

2 직장에서의 예절

① 예절의 의미

일정한 생활문화권에서 오랜 생활습관을 통해 하나의 공통된 생활방법으로 정립되어 관습적으로 행해지는 사회계약적인 생활규범을 말한다.

② 에티켓과 매너

에티켓	사람과 사람 사이에 마땅히 지켜야 할 규범으로, 형식적 측면이 강함
매너	생활 속에서의 형식을 나타내는 방식으로, 방법적 성격이 강함

③ 7

ㄱ) 인사 예절

- 비즈니스에서 가장 일반적인 인사법인 악수는 오른손을 사용하여 8 이/가 9 에게 청하며, 10 에게는 먼저 11 을/를 한 후 악수를 한다.
- 소개를 할 때는 12 을/를 13 에게, 본인이 속해 있는 회사의 관계자를 타 회사의 관계자에게, 14 을/를 15 에게 먼저 소개한다.
- 명함을 건넬 때는 16 (으)로 받치고 17 (으)로 건네는데, 자신의 이름이 상대방을 향하도록 한다. 또한 18 이/가 19 에게 먼저 건네고 상사와 함께라면 상사가 먼저 건네도록 한다.

ㄴ) 전화 예절

- 전화는 태도나 표정을 보여줄 수 없으므로 상냥한 목소리와 정확한 발음에 유의한다.
- 전화가 연결되면 담당자 확인 후 자신을 소개하고 천천히 정확하게 용건을 전달한다. 전화를 끊기 전 내용을 다시 한번 정리해 확인하고 담당자가 없을 땐 전화번호를 남긴다.
- 전화를 받을 때는 벨이 3~4번 울리기 전에 받는다.

정답 7. 비즈니스 매너 8. 윗사람 9. 아랫사람 10. 윗사람 11. 목례 12. 연소자 13. 연장자 14. 동료 15. 고객 16. 왼손 17. 오른손 18. 손아랫사람 19. 손윗사람

ⓒ 이메일 예절

- 이메일을 쓸 때는 서두에 20   와/과 21   을/를 밝힌다.
- 업무 성격에 맞는 형식을 갖추고, 올바른 22   와/과 23   을/를 사용한다.
- 24   은/는 반드시 쓰고, 간결하면서 핵심을 알 수 있게 작성한다.

④ 25

근로기준법에 따른 사용자 또는 근로자가 직장에서의 지위 또는 관계 등의 우위를 이용하여 업무상 적정 범위를 넘어 다른 근로자에게 신체적·정신적 고통을 주거나 근무환경을 악화시키는 행위를 말한다.

⑤ 26

남녀고용평등과 일·가정 양립 지원에 관한 법률에 따른 사업주·상급자 또는 근로자가 직장 내의 지위를 이용하거나 업무와 관련하여 다른 근로자에게 성적 언동 등으로 성적 굴욕감 또는 혐오감을 느끼게 하거나 성적 언동 또는 그 밖의 요구 등에 따르지 아니하였다는 이유로 근로 조건 및 고용에서 불이익을 주는 것을 말한다.

정답 20. 소속 21. 이름 22. 철자 23. 문법 24. 메일 제목 25. 직장 내 괴롭힘
26. 직장 내 성희롱

1. 봉사는 사전적으로 국가나 사회 또는 남을 위하여 자신을 돌보지 아니하고 힘을 바쳐 애쓰는 것을 의미한다.

2. 책임이란 직업에 대한 사회적 역할과 책무를 충실히 수행하고 책임지려는 태도이며, 주어지거나 스스로 맡은 업무를 어떠한 일이 있어도 완수해 내는 태도를 말한다.

3. 생계를 위해서뿐만 아니라 자신이 속한 조직의 번영을 위해서 나아가 자신이 살고 있는 사회 전체의 발전을 위해서 '봉사정신'과 강한 '책임의식'을 갖고 직업 활동에 임해야 한다.

4. 준법이란 민주시민으로서 지켜야 하는 기본 의무이며 생활 자세이다. 민주사회의 법과 규칙을 준수하는 것은 시민으로서의 권리를 보장받고, 다른 사람의 권리를 보호해 주며 사회질서를 유지하는 역할을 한다.

5. 우리사회는 민주주의와 시장경제를 지향하지만, 그것이 제대로 정착될 만한 사회적 · 정신적 토대를 갖추지 못하고 있다. 선진국들과 경쟁하기 위해서는 개개인의 의식 변화는 물론 이와 함께 체계적 접근과 단계별 실행을 통한 제도적 · 시스템적 기반의 확립이 필요하다.

6. 예절이란 일정한 생활문화권에서 오랜 생활습관을 통해 하나의 공통된 생활방법으로 정립되어 관습적으로 행해지는 사회계약적인 생활규범이다.

MEMO

MEMO

MEMO

MEMO

좋은 책을 만드는 길
독자님과 함께하겠습니다.

도서나 동영상에 궁금한 점, 아쉬운 점, 만족스러운 점이
있으시다면 어떤 의견이라도 말씀해 주세요.
SD에듀는 독자님의 의견을 모아 더 좋은 책으로 보답하겠습니다.

www.sdedu.co.kr

NCS 모듈형 핵심 빈칸노트 + 무료NCS특강

개정2판1쇄 발행	2023년 03월 10일 (인쇄 2022년 10월 25일)
초 판 발 행	2021년 08월 20일 (인쇄 2021년 06월 11일)
발 행 인	박영일
책 임 편 집	이해욱
편 저	NCS직무능력연구소 · 김현철 외
편 집 진 행	김재희 · 구현정
표 지 디 자 인	조혜령
편 집 디 자 인	배선화 · 채현주
발 행 처	(주)시대고시기획
출 판 등 록	제 10-1521호
주 소	서울시 마포구 큰우물로 75 [도화동 538 성지 B/D] 9F
전 화	1600-3600
팩 스	02-701-8823
홈 페 이 지	www.sdedu.co.kr
I S B N	979-11-383-3540-9 (13320)
정 가	15,000원

도서 관련 최신 정보 및 정오사항이 있는지
우측 QR을 통해 확인해 보세요!